共生社会と
――スペイン非営利協同の実験――
協同労働

石塚秀雄・坂根利幸／監修

同時代社

はじめに

坂根利幸

　1998年9月、私は10年ぶりに復活させた海外取材の旅をロシア・ポーランドで実現した。総員10人の旅は何とも楽しくまたおかしい取材旅行であったが、市場経済下の荒波に翻弄されつつあるロシアの現状を目の当たりにした私は、次回はスペイン北部のバスク地方一帯で発展途上にある「モンドラゴン協同組合群」の視察をぜひ敢行しようと決意していた。

　私は、1987年と1989年に現地を訪れる機会を得て、バスク人の不思議な集団が黙々と事業を展開し、雇用を創造し、文化を拡大しつつある姿を取材したのである。モンドラゴンの研究に詳しい石塚秀雄氏や弁護士の二上護氏らとともどもの取材であったが、辺境の地バスクでは「協働労働」を合い言葉として、出資、労働、分配、地域還元、事業拡大、資金の調達と運用、輸出と合弁企業、経営参加と学習・教育、就業斡旋に老後の備えと医療ケアシステム、町づくりと仕事興し等々の見事なバランスを描き取り組んでいる「コープ」が存在するのである。

　当時、わが国の購買生協しか知る機会のなかった私たちにとっては、まさしくこのユニークな仕組みと活動から、自分たちとしても考えるべき「ヒント」を無数に享受した。そのユニークさの原点は、バスクという民族文化と古い時代から受け継がれている「労働の協同化」や「地域社会での共生の文化」などにある。10年前に取材した当時は、EC統合目前で、モンドラゴン協同組合群はその組織や制度の大改革中にあったが、90年代の展開は果たして予想通りの伸びを示しているのだろうか、はたまた組織や事業にきしみが生じているのだろうか、期待と不安の解消のために、1999年10月に取材を実施することを企画

したのである。10年前にはモンドラゴン協同組合群と呼ばれていたその組織は、今はモンドラゴン・コーポレーション・コーポラティーヴァ（モンドラゴン協同組合企業、略称ＭＣＣ）と呼称されている。本書の各執筆者がたんに「ＭＣＣ」と記している場合もあるが、この意味である。また、文章のなかでたんに「モンドラゴン」と記している場合でも、こうした協同組合企業の総体を指していることが多い。

　私どもの業務の大きな部分を占めている全日本民主医療機関連合会（民医連）では、1998年の定期総会で自らの活動を「非営利・協同」と位置づけ、21世紀への飛躍を期して、その活動をより広範なものとすべく取り組んでいるが、なにしろ「非営利・協同」という概念自体が様々な議論を内包するだけに、その理論的整理と実践的取組の上でも発展途上にある。私らの企画したバスク・モンドラゴンの取材の旅は、民医連の組織と活動の枠を外から眺める恰好の課外授業と映ったに違いない。大勢の参加希望者が名乗りを上げた。結局、今回のモンドラゴン取材団は総勢23人、その内訳は、医師6人、歯科医師2人、医療機関事務幹部7人（何れも民医連関係者）、学者2人、弁護士2人、公認会計士2人、学生2人という多彩なもので、添乗員女史を含むと24人の大取材団となった。

　1980年代後半からモンドラゴンの研究者としては第一人者である石塚秀雄氏に現地のアポイントを依頼するとともに、同氏のアドバイスでマドリッドとバルセロナで非営利・協同の医療施設等の取材をも目論み、1999年10月、11日間の取材旅行を敢行した。

　本書は、この取材の報告書である。もとより取材団の大半が研究者でもなく取材そのものに不慣れであり、言葉と資料と時間の不十分さから完全十分なものとは言えないが、何よりも、この世の中でまったくユニークな活動をしているさまざまな非営利・協同組織があり、しかもそれらが互いに相通じている部分も少なくない、こんな事柄を多くの人に知っていただきたくまとめた次第である。

　本書の構成は、序章として全日本民医連の重鎮である高柳新氏の非

営利・協同論を掲げ、第1章では、モンドラゴン協同組合の歴史と特徴、90年代の発展と課題、その基本的特質たる「協同労働」の意義等を紹介している。

第2章は、取材で訪れたモンドラゴンの各部門や非営利・協同の組織の取材報告であり、それぞれ取材時の質問と報告を担当者がまとめた上でリポートしている。したがって、各々のリポートの内容と体裁では多少の差違があるがご容赦願いたい。

第3章は、多彩な取材団の率直な感想を収録したものである。共通して、宗教、町、広場、バール（居酒屋）、働くということ等がキーワードとなっており、楽しい読み物となっている。さらに巻末にはモンドラゴン関係の参考書籍一覧と、今回の取材団のメンバー表を掲載している。

本書は全体の監修を石塚秀雄氏と私が担当しているが、なにぶん膨大なリポート類を短時間で構成したために、不十分な点があるかもしれない。そこは読者諸氏の想像力でカヴァーをしていただければ幸いである。

今回の取材は、現地モンドラゴンでの通訳担当のゴイコレア氏、窓口担当の研修機関オタロラの所長イニアキ氏、長年の友人とも言うべきホセ・ラモン氏を初めとする現地の人々、石塚秀雄氏の友人諸氏らの暖かい受け入れがあったればこそ実現したものであり、本書の刊行にあたり心より深謝の意を述べたい。さらにロシア取材に続けて添乗員の労苦を担っていただいた㈱ユーラスツァーズの吉田女史にも感謝申し上げるとともに、本書の刊行にあたっては、短期間で編集等を担当した同時代社の川上、三上両氏の献身的業務に負う部分が少なくない。あわせて御礼申し上げる。

2000年2月

モンドラゴン本部前。

共生社会と協同労働・目次

はじめに　　　　　　　　　　　　　　　　　坂根　利幸　3

序章　スペイン非営利協同の旅　　　　　高柳　新　11

第1章　非営利協同の生成と仕組み

第1節　モンドラゴン協同組合グループの歴史と特徴
　　　　　　　　　　　　　　　　　　　石塚　秀雄　28
1、はじめに
2、バスク地方の歴史
3、協同組合を囲む制度的な側面
4、モンドラゴン協同組合の歴史

第2節　90年代のモンドラゴンの発展と変化、21世紀への挑戦
　　　　　　　　　　　　　　　　　　　坂根　利幸　56
1、組織戦略
2、市場戦略と多国籍企業化
3、労働者協同組合員への配分……労働の評価
4、ミレニアム・モンドラゴン

第3節　モンドラゴンと労働の協同化　　二上　護　72
1、はじめに
2、旧ユーゴの自主管理企業とその問題点
3、自主管理企業の労働と協同労働の思想
4、協同労働協同組合
5、モンドラゴン協同組合基本原則
6、協同組合の組織の拡大と変化
7、私たちにとっての協同労働

第2章　協同労働の現場から

①モンドラゴン本部　　　　　　　　　　坂根　利幸　90

②カハ・ラボラル（労働金庫）	坂根　利幸	98
③ラグン・アロ（共済・協同組合）	伊藤　　淳	107
④ファゴール（家電製造協同組合）	山田　駒平	114
⑤エロスキ（流通グループ）	山田　浄二	124
⑥イケルラン（研究所協同組合）	山田　　格	131
⑦モンドラゴン大学	二上　　護	137
⑧アイタメンニ精神病院	高津　　司	143
⑨ＣＥＳ歯科クリニック	藤野　健正	147
⑩バロセロナ病院	岩瀬　俊郎	151
⑪カン・セラ（重度身体障害施設）	大石不二雄	160

第3章　広場にバールがよく似合う

思い込みがこわされた視察	池田　順次	166
再会のよろこび	石塚　秀雄	169
教会と役所と広場がワンセット	伊藤　　淳	172
バールは立ち食い喫茶兼居酒屋	大石不二雄	174
挑戦する精神の強さ	窪田　之喜	176
知らない町への旅	坂根　哲也	179
非営利・協同の資本論	坂根　利幸	182
バールの文化	高津　　司	186
モンドラゴンと民医連を比較して	千葉　周伸	188
もっと自由でもっと平等な地球を	西原　博子	191
日本の医療運動への刺激	根本　　守	196
スペイン人は散歩好き	原国　政裕	200
転移する時代	藤野　健正	204
人間の絆をつくる広場	前田　武彦	207
発展の要素は何だろう	本川　功市	209
「まちづくり」と「人づくり」に学ぶ	山口　　格	213
コミュニティができて国家ができたのだ	山田　駒平	215
自治と協同のバスクに乾杯	山田　浄二	218

昼からワインを飲んでました	吉田　剣太	223
社会・経済の新しいあり方への模索	吉田　万三	224

おわりに　　　　　　　　　　　　　　　前田武彦　226

モンドラゴン関係主要書籍一覧　　　　　　　　　229

取材団名簿　　　　　　　　　　　　　　　　　231

序　章　スペイン 非営利協同の旅

高柳　新

バスク・ゲタリアの街中の広場。夕方6時過ぎでも明るい。

1、公共性の高い医療機関

　民医連（全日本民主医療機関連合会）が、自分たちの運動を「非営利・協同」の運動として位置付けたのは、1997年の第33回総会である。
　この総会で打ち出した方針が「地域に人権と非営利をめざす共同の輪を」というものだった。職員の中には、民医連が突然「非営利・協同」という、あまり聞き慣れない言葉を言い始めたと、唐突に感じた人もいた。議論は始まったばかりで、これからもっともっと深めていく必要があると思う。
　今回、民医連がスペイン・バスク地方のモンドラゴンへ調査団を派遣したのは、協同組合運動の一つの典型として注目されているモンドラゴンの実践をこの目で実際に見ることで、33回方針で確認された「非営利・協同」の意義をより一層深めたいという思いがきっかけだった。
　私自身、個人的には、富沢賢治先生たちが研究している非営利・協同について学習もし、また20年以上も前から同氏の「労働の社会化」論についても考えてきた。しかし、正直なところ、民医連の組織や運動の考え方と非営利・協同とが結びつくとは、実は33回総会以前には明確には意識していなかったのである。
　ただし、幾つかヒントになったことはある。私がいつも考えていることは「民医連とはいったい何だろうか？」ということである。単純に公立か私立かという二分法で分類すれば、民医連は私立に属する医療機関であって、公立ではない。しかし、私立というと、どうも収まりが悪い。法的には私立の医療機関のセクターに分類されるのだが、実際にやっている仕事や、姿勢は実に公共性・公益性の高いものであると理解しているのである。
　阪神・淡路大震災のとき、一万人以上の民医連の職員が、どの公的医療機関よりも機敏に支援活動に参加した。日常的にも、厳しい医療経営環境の中にあって、「差額を取らない医療」を原則的に守り続け

ている。さらに、ホームレスの人々の医療に取り組むなど、わたしたちは、命と健康の「最後の拠り所」を目指して日夜奮闘している。言うなれば、私たち民医連は高い公共性と、人間としての正義を守っているのである。

　法的にどうあれ、私たちの医療経営はどこでも、医療の専門家集団と地域の働く人々、多くの市民の協力した力で生まれ、運営されてきた。こうしたことから見ると、民医連というのは公立でも私立でもないようなところに存在しているのではないだろうか。こうした問題意識が非営利・協同組織という発想につながったような気がする。しかし、非営利・協同論に学ぶべきことはたくさんあるが、「論」以前から、わたしたちはずいぶん実践し、実績を積み重ねてきたように思っているのだ。

　民医連の組織を簡単に説明すると、医療法人、財団法人、社団法人などがあり、さらに医療生協もある。この医療生協組織は非営利・協同組織の中の重要な分野の一つであり、民医連の中で約半分を占める。では、半分の医療生協は非営利・協同組織で、あとの半分は違うのかというと、実践していること、考えていることはどちらも本質的には変わらない。そこに組織形態や法人形態の相違はないのである。つまり、非営利・協同というものは、わたしたちが今までやってきたことを包み込んでいる概念であると言えるのではないか。

　とはいえ、非営利・協同という概念や定義はまだ一般的ではなく、統一されてもいない。主に学者の研究等の分野でやっていることなので、本当にこれからの作業だと思っている。

2、モンドラゴンへの問題意識

「モンドラゴンの実践」は世界中から注目を浴びており、日本でも生協運動をやっている人たちが熱い眼差しを送っているが、そのきっかけとなったのは、1980年に出版された、いわゆる「レイドロウ報告」からである。これはカナダのレイドロウという学者の国際協同組合同

盟（ＩＣＡ）における報告であり、日本では『西暦二〇〇〇年における協同組合（日本経済評論社、日本協同組合学会／訳編）』として出版されている。

この「レイドロウ報告」は、協同組合運動にとって「モンドラゴンの実践」が国際的に非常に重視すべきものであるという位置付けで書かれており、日本でもこの本をきっかけにモンドラゴンの調査・研究が始まった。

民医連がこの報告の持つ積極性を学ぼうとなったのは比較的最近で、33回総会の前後からである。民医連が唐突に注目し始めたというので、内外から色々な反応が起こっているようだ。

今回の調査団は23名という大所帯で、うち民医連から16名が参加した。この調査団の編成は民医連にとっては新しい、注目すべき特徴をもっていた。それは、民医連以外の人と一緒に調査団を組んだということである。「核兵器反対医師の会」などでは団を組成したりするが、医師集団ということでは同質集団である。今回は研究者や、弁護士、公認会計士など、違う分野の人たちと取材団を結成し、民医連の参加者も医師、歯科医師、事務系の幹部に加えて、さらに民医連を支えてくれている、わたしたち民医連の言葉で言うところの「共同組織」の代表も参加した。

モンドラゴンに行くにあたり、私には二つの「思い」があった。一つは、モンドラゴンを手放しで礼賛したり、勝手に批判したりすることは避け、様々な角度から客観的に見てこようということ。そのために、モンドラゴンの人たちとも交流するが、われわれ調査団内部でも積極的に交流したい、と思った次第である。

二つ目は、民医連は世界に類のない組織であると言われ、わたしたち自身もそれで結構納得してきたわけだが、これは本当のことなのか。民医連は本当に世界に類のない組織なのか、それとも案外、この広い世界には似たような組織があるのではないだろうか。こういう「思い」を確認しに行くということだった。

3、民医連が目指してきたもの！

　モンドラゴンの町の人口は25,000人だが、モンドラゴン協同組合複合体の雇用人口はその倍近くの46,000人である。この地域の人々は、以前は大勢の外国への出稼ぎ労働者を生み出していた。それが今では、この地域で働いて、ここで生活することができるようになっている。そればかりか、スペイン各地からここに働きに来ている労働者もいる。

　この雇用人口46,000人という数字は、偶然にも民医連の雇用者数とほぼ同じだ。やっていることは違うが、雇用という面だけで見ると、同じ規模の組織といえるのである。ところが、かたやモンドラゴンは多くの学者が研究の対象にし、イギリスのＢＢＣ放送がその歴史と実態を放映したりと、世界中から注目を浴びている。

　では民医連はというと、残念ながら世界中から注目されてはいないし、私たち自身も知らせる努力をほとんどしていない。むしろ、一つの閉鎖的な枠組みの中で、頑固に頑張り続けることがわれわれの前進の源泉であり、美徳であると、ある意味で言い聞かせるようにしてやってきたわけである。

　われわれ自身も、もっと広く、もっと国際的なレベルでも、批判や激励の対象になるようなことも考えてみる必要がある時代に来たのではないか。

　そういうことを真剣に考える意味で、ここで、民医連のこれまでの歴史を振り返ってみたいと思う。

　まず民医連の現在の量的な到達点からいうと、医師・歯科医師がおよそ3,300人いる。院所数は病院が153、診療所が498、院所・学校その他の施設を合計すると1,300ヶ所以上になる。

　ベッド数は26,000床強、訪問看護ステーション264、一日外来患者数11万5千人強、一日入院患者数26,000人強となっている。日本の医療全体に占める割合はおよそ2.3％というところである。また、民医連院所に直接資金を寄せている「共同組織」の人々は260万〜270万人

に達する規模となっている。

質的な特徴で言うと、われわれ民医連の医療組織は「働く人々の立場に立った民主的医療機関」であると特徴づけている。

これが民医連の綱領である。では、その中身は何かというと、働く人々、広範な市民の立場に立って、日常的に親切で良い医療に徹する、そして、こういう医療を可能にするような国づくり、自治体づくりに向けて、医療と政治の民主的変革を目指すということである。

これを実現するために、民主主義を重視し、平和と民主主義を大切にするような様々な人たちと手を組んで活動している。

組織的な観点から見ると、医者だけが突出して看護婦も事務も医者に従っているという構造では、けっして良い医療はできない。民医連は一人の患者さんのためにあらゆる職種が力を合わせる医療を目指しており、これを「民主的集団医療」と呼んでいる。また、良い医療は専門家だけでやるものではなく、患者から学び、患者・住民と一緒になって進めるものだという考え方を重視してきた。これを民医連は「共同の営み」と表現しているのである。

さらに、地域の人たちの組織、とくに民医連を支えてくれている組織や、生協を支えてくれているような共同組織との連携にも力を入れている。

4、直観的な踏ん張りから始まった

では、民医連が「働く人々の立場に立つ」というときの、「働く人々」とはどういう人々を意味するのか。それは「労働者階級」のことだと考える人もいるし、いや、もっと広範な勤労市民全体のことなんだと思っている人もいる。あるいは「頭では勤労市民全体だと思うけれど、気持ちの底では『労働者階級』のために」となるんだ、と言う人もいる。

この「働く人々の立場に立つ」という綱領がなぜ生まれたのかを理解してもらうために、民医連運動がどんな風にして誕生したかについ

序　章　スペイン非営利協同の旅

て簡単に触れたい。
　民医連の誕生は、日本の歴史そのものだった。敗戦直後の荒廃の中で、貧しい人たち、当時の未解放部落の人たち、在日朝鮮人の人たちなど、他の医療機関では患者としてあるいは人間として正当に扱われない、あるいは医療を受けられない人たちの生存権を守ろうと、地域の労働組合や住民、医師をはじめとした医療従事者が献身的、自己犠牲的に立ち上がったのが、そもそもの始まりだった。
　例えば、国立病院で学問的にも人間的にも指導性を発揮していたエリートの医者が労働組合を結成し、レッドパージに遭う。そのレッドパージされた医者や看護婦さんが自分たちのお金をつぎこんで、事務長も婦長も生活保護を受けたりしながら、地域の人たちと力を合わせて「民主診療所（民診）」を開設した。もちろん科学性はあったが、それにも増して、直観的に踏ん張ったことで、民医連の土台が形成されたのである。
　今の若い人には想像もできないだろうが、当時の貧しい人たちは医療機関から放り出されていて、自分が死にそうなとき、つまり死亡診断書を書いてもらうときだけしか医者にかかれないという状況があった。日本共産党の国会議員だった津川武一氏（民医連の医師）の書いた『医療を民衆の手に／津軽保健生協のたたかい』という本には、当時の東北地方の悲惨な実態が浮き彫りにされている。
　一例をあげると、子どもがけいれんを起こした、親は子どもを抱き抱えて病院にかけこんでくる。医者はこう尋ねるのだ。
「ぜんこ、持ってきただか？」
「保険証はあんのけ？」
　お金も保険証もないとわかると、医者は「ぜんこ持ってきてからにすべ！」と言い、せっかく準備した注射器を元に戻した。……
　悲しいかな、こういうことが我が国の医療の世界でまかり通っていたのである。こういう貧しい人たちと献身的な医療の専門家が手を結び、日本各地に民主診療所をつくり、病院をつくっていった。しかし病院をつくっても、そこに来る人たちは大部分が超貧困者であり、生

活保護受給者や結核患者、精神病患者だった。津軽では「結核」の病のことを「貧乏病」と言ったそうだ。貧困と過労、栄養不良からもたらされる病だという意味で、そう呼ばれていたのである。また、いったん結核にかかると、快復するまで長い年月を要し、その間高い薬を使わなければならないことから、働いてやっと食っている人たちにとっては、文字通り貧困のどん底に突き落とされるという、二重の意味がこめられているのだ。

民医連はそういう人たちと一緒になって闘いながら、同時に「国民皆保険」の闘争を担ってきたのである。

5、新たな発展段階を迎えている！

現在起こっている諸矛盾は資本主義のもとで生まれているものであることははっきりしているが、「資本」と「労働」が激しく戦うとき、医療機関は往々にして「資本」の側に屈伏し、労働者に敵対してみせるということがしばしば起こるのである。三池闘争を例にとってみよう。

1959年、三井鉱山三池炭鉱において首切り反対闘争が起こり、これが大争議に発展した。翌60年の1月、会社側は三井鉱にロックアウトを強行、組合は全山無期限ストに突入する。

三井のような大企業になると、自分のところで経営する病院をもっており、三井三池の場合は九州大学医学部とのパイプが強く、九州大学医学部から派遣された、技術的にもレベルの高いスタッフを抱えていた。

炭鉱労働者がその病院に治療を受けに行くと、「一組か二組か」と聞かれる。労働組合の所属を問うているのだ。闘争の中で、労働組合は分裂させられ、会社側は第二組合を結成した。第一組合は「たたかう組合」、第二組合は御用組合である。「一組」であることがわかると、病院が診療を放り出す、あるいは拒否するという事態が起きた。

このとき民医連は「三池炭鉱の労働者の健康を守れ！」と大動員を

かけ、医療活動を行ないながら、炭鉱労働者と一緒になってたたかった。

　1960年代後半になると、公害問題が噴出する。水俣でもそうだったが、よほどヒューマンで真に科学的な研究者以外は資本の側の論理を擁護する。それによって水俣病の原因解明が非常に遅れたことは周知の事実であり、科学者が住民の側に立って資本とたたかうことがいかに困難であるかを見せつけた。

　これらのとき、民医連は、住民や被害者の側に立って、公害等によって引き起こされる病気の真相究明にあたりつづけた。

　こういう民医連の歴史を見ると、「働く人々の立場に立つ」ということがどういう意味を持つことなのか、おわかりいただけるだろう。民医連が働くものの立場に立って階級的にたたかうことは歴史の要請でもあったのである。

　この原則を守りながら今日までやってきたわけであり、だからこそ、働く者の立場に立って医療と政治の革新をめざす、内外に民主主義を、地域の人々と力を合わせるという民医連の精神は、案外これ自体で完結しているものであり、完結しているがゆえに、ややもすると、自分たちの医療だけが正しいという風に独善的になりやすいともいえるわけである。

　ここで「非営利・協同」に話を戻すが、「非営利・協同なんてのは階級的な運動ではない。民医連は階級闘争を放棄するのか」と言う人もいる。

　私が言いたいのは、民医連がこれまで積み重ねてきたものを肯定しつつ、そういう階級的か否かという二分法だけでものごとを見るのは今日的には適切ではない、ということなのである。

　ＮＰＯなどの市民運動が盛り上がってきているこの新たな時代に、こういう市民運動の人々とどう手を結んでいくか。私たち民医連は今、広範な市民運動と一緒になって進んでいくという新たな発展段階を迎えていると思うのである。

6、一人ひとりがバラバラにされていく！

　民医連がこれまでやってきたことの正当性を擁護しながらも、同時にわれわれが内部に抱えている、越えなければいけないいくつかの難しさが出てきた。
　端的にいうと、医療の中心になる、技術的にも経営的にも中心に座らざるをえない医師たちが、こういう民医連運動にこれからも多数、合流してくるのかどうか。それから、一つの法人の職員が1,000人というような大きな規模の経営組織になったときの内部の矛盾である。この資本主義のもとで激しい経営危機に襲われるということが現実に起こっているし、内部の労使の対立が激化するという矛盾にも襲われている。
　さらに、どんどん巨大な組織になることによって労働が細分化され、「連帯感とか理念なんて言っている場合じゃない」という事態が起こりつつある。一人ひとりがバラバラにされていく傾向、つまり「疎外」が民医連内部でも起こってきている。こうした厳しい状況に歯止めをかけ、未来を切り拓いていくためには、広範な労働者、市民層と手を組み、独善を排した、より「開かれた民医連」に発展していかなければならない。そのためにはどうしても「非営利・協同」という発想が必要なのである。

7、人間社会の根っこの部分を復権させる！

　わたしたちは働く人々が報われるような、人間が人間として尊ばれるような社会を目指して医療活動を行なっているが、ソ連型の「社会主義体制」が崩壊したとき、「待てよ」と考えこまざるをえなかった。
　人間らしい社会をどうつくるかというとき、生産手段をどうするかという問題は無視しえない現実だが、生産手段を国有化することがイコール社会主義であると短絡してしまった結果、国有化された瞬間、

序　章　スペイン非営利協同の旅

国有の管理者が再び支配者となって民衆の前に立ち現れるということが残酷なまでに証明された。社会変革という問題はそう単純ではない問題なんだということに直面し、うろたえたり、虚無的になったりしている人もいる。

　本当に人間らしい社会をつくるにはどうしたらよいのか。人間らしい社会とは一人ひとりの人間が大切にされる社会である。一人ひとりの人間が大切にされる社会を現実のものにするには、お互いに大切にしあう、相互に認めた上で人間と人間との間を友情と連帯で結びつけていくという関係を労働の場や生活の場でつくりあげていくことが大切だと思う。

　労働の共有、生活の共有というものが蓄積され、人間的な協同が意識的に展開されていく。この蓄積がこの資本主義の内部において市場経済を超えていく力になるのであり、これが非営利・協同といわれたり、社会的経済といわれたり、第三セクターといわれたりする分野の活動ではないかと思う。最近では、「共生」という言い方もされている。

　民医連は、実はそういう実践を日々やってきたのである。患者さんがいた、困っている住民がいた、その人たちと一緒にやっていこうということで頑張ってきたからこそ、今日まで発展することができた。これをもっと明確に自覚することによって、繰り返しになるが、われわれ自身の独善性を排し、もっともっと開かれたものにしていくことが重要なのである。

　全日本民医連が学者や各界の代表の人々にお集まりいただき、民医連の「医療宣言」づくりの検討会を開いたことがあったが、その席上、保険医協会の事務局長さんから「民医連は独善的傾向が強い」と言われたことをわたしは忘れることができない。

　もちろん、医療は技術を抱えており、技術を「閉鎖」させたらたちまち陳腐化してて身動きがとれなくなる。民医連は技術を「閉鎖」させないという立場をいろいろな場面で発揮してきたため、これまでも伸びてきた。

しかし、トータルでとらえると、あきらかに閉鎖的な枠の中に閉じこもったり、さんざん叩かれるためにますます閉鎖的になるという「壁」があったことも事実である。この「壁」を突破する大きな力の一つが「非営利・協同」なのだと私は思っている。

資本主義は今、グローバリゼーションが進んだ結果、市場を通じて世界が一体化すると同時に、これまで例を見なかった激しい競争に突入しており、人間が翻弄され、国さえも翻弄されている。だからこそ私たちは、現実の生活、現実の人間観でこれ以上翻弄されることを拒否しなければいけない。アレルギー反応を起こし抗体を作らなければいけないのだ。

そのためには「人権、非営利・協同、地域」をキーワードに、広範な人々と連帯していく。そして、この力で本当に必要な公共性を獲得し、さらに一層拡大していくという方向に向かうことが大切なのだ。

民医連は、これまでも公共的なものに実践的に迫りながら政府にも自治体にも問題提起をしてきた。これからは問題提起するだけにとどまらず、地域に深く根ざし、地域の広範な人たちとの連帯の力で自分たちがやってみせることである。

今、日本の大企業は、日産自動車の例でもわかるように、都合が悪くなると、勝手に地域を放り出して、労働者を放り出して、住民を放り出して出ていき、破壊してしまうのである。労働者は失業し、お店は閉店せざるをえなくなり、市は「まちづくり」の根本的な見直しを迫られる。

こうした新自由主義にもとづく「ルールなき資本主義」と言われるやり方に対しては、断固たたかっていかなければならない。

「これからの世の中、市場や企業は何の役にも立たない」と言う人もいるが、これは現実的でも歴史的でもない。資本主義の横暴に対して上から国家の力で規制するというやり方も大切だ。と同時に、地域住民パワーを結集した「非営利・協同」の企業体で営利企業に対抗していく必要もある。

そういう意味で、非営利・協同組織が、営利企業の身勝手な論理を

許さないという意思表示機関になれるのではないだろうか。
　さらに「非営利・協同」という考え方は、地域の中でみんなが人間的に生活することが本当は人間社会の中で一番大切なことなんだ、政治も経済も文化も実はそのことをいちばん大切にするために生まれてきたはずなんだ、という、そもそもの人間社会の根っこの部分を復権させることにつながるものだと思う。
　このように非営利・協同が提起していることは、限界はあるかもしれないが、未来につながる問題提起なのだと思うのである。かつてマルクスは実はそういうことを言っているのである。
「各人の自由な発展が万人の自由な発展につながるような共同社会」、これがマルクスの社会主義のイメージだったはずである。
　この意義を現実に展開し、絶えず新たな芽が生まれて次々に育っていくことがわれわれの活動であり、NPOなどの人間の生活レベルでの連帯である。イデオロギーを超えて戦争に反対する、命と暮らしを守る、こうした活動を通して、新しい政治をも生み出していくことが必要ではないだろうか。
　新自由主義の台頭のもとで、人間と人間との関係が、弱肉強食により、「カネと効率」によって分断されること、大企業と国家による営利主義に向かって、対抗軸としての「非営利・協同」が生まれ発展する必然性があること、を摑むことがきわめて大切ある。

8、モンドラゴンの「協同」の思想

　モンドラゴンについては、旅の最後の感想会でも述べたが、参加者の多くは今回が初めての訪問であり、「群盲、ドラゴン（竜）を撫でるの感あり」という印象をもった。それぞれが自分の興味のあるところを触り、それぞれ違った感想をもったわけで、私はそれはそれでよいと思っている。
　ただし、調査団自身の問題点はいくつかあったかと思う。その一つは、今回の訪問団は民医連の幹部たちであって、現場の人たちではな

かった。わたしたちは少し傲慢なところがあったり、感じ取れない部分があったりしたかもしれない。こういう限界を認めた上で、私の感想を簡単に述べたい。細部については石塚先生や坂根先生が展開するだろうと思う。

モンドラゴンは、スペインの片田舎にあり、フランコ独裁政権時代までは成人したら他国へ出稼ぎに行くのが当たり前の地域だった。それが今では、そこで生活し働いて生きていくことができるようになった。そして、自信をもって次の世代に手渡すことができるような地域社会を築いて来たのだ。

地域社会が存立できる基盤を生み出したこの「協同」の考え方は、やはり凄いと思う。一口で「雇用」と言うが、私は「生活を確保する」ことだと思った。

モンドラゴンは、「協同」の思想を貫くために、現実と凄まじい格闘を継続している。その一つは、専門家とそうでない人、指導者とそうでない人との賃金格差を拡大すまい、拡大すまいと奮闘努力していることである。最大格差が1対3（例外的に1対6）ということだが、専門家や指導者にしてみたら、がくっと低い賃金である。営利の民間大企業がヘッドハンティング攻勢をかけてきており、どういう風に持ちこたえるか、必死の格闘をしている。

今一つは、これはワーカーズコープの思想そのものでもあると思うが、支配する者とされる者、経営者と労働者という分断を乗り越えようと、労働者がみずから資金を出して経営にも参画していることである。労働の平等にもとづく人間化というものにこだわっているのだ。

資本主義のもとでは、企業家は労働者を搾取し、労働者は搾取されているという図式になるが、労働を搾取の側面からだけでとらえると、労働者自身も働く面白さとか喜びは考えられなくなり、労働を賃金と休暇でしか見ないということが起きてくる。

モンドラゴン協同組合は、資本主義のもとにおける効率性や生産性に屈伏することなく、働く喜びや人間的な連帯をいかにつくり出すかということに非常にこだわっている。けっして一次関数ではない、三

次関数、四次関数への挑戦を、モンドラゴンの人びとはやっているように見えた。

多国籍企業はモンドラゴンにも進入してきている。大資本の前に屈伏させられるはずがないと確信するわけにはいかなかったが、それでもやはり、人間の未来に対する歴史的な問題提起をしているという点で、簡単につぶされるはずはないと思う。

ふりかえって、民医連は何なんだろう。民医連の積極性のキーワードは、モンドラゴンのような組織でも組織しえなかった、階層としての医師・専門家を運動の主体者や参加者に組織することに成功しはじめているということである。それから、医療・福祉を協同の仕事にしていこうとする思想をすでに何年間か積み上げてきた。矛盾はいっぱいあるが、ともにやっていこうという基盤はできつつある。

三つ目は、民医連は共同組織との連携プレイに努力をしてきた。モンドラゴンの実践を見ることで、民医連の実践のもつ積極性を改めて確認することができた。

地球規模で見れば民医連の運動は小さな存在だが、将来に向けてのこの国、この世界のあり方との関係を考え、広範な人たちと議論し深めていく時期に来ていると思っている。この思いがある限り頑張ろうと思う。

第1章　非営利協同の生成と仕組み

石塚秀雄／坂根利幸／二上　護

モンドラゴンの創始者ア
リスメンディアリエタ神
父の像。幹部研修所オタ
ロラの展示室にて。

モンドラゴンのウダラ山を望む。手前は中高層集合住宅。

第1節　モンドラゴン協同組合グループの歴史と特徴

石塚秀雄

1、はじめに

　新しい協同の企業形態、地域社会の協同の在り方、新しい労働形態の在り方を切り開いてきた「モンドラゴン協同組合グループ」は、スペイン北部に位置するバスク自治州にある3県の一つであるギプスコア県のはずれの山間を流れるデバ川の峡谷の町「モンドラゴン」(バスク名アラサテ)にある。現在、約4万数千人の労働者と約80の工業協同組合、協同組合銀行と共済組合、生協スーパーマーケットチェーンの3部門を有し、バスク地方を中心としつつも、消費流通部門においては、南部バレンシア地方の生協コンスムとパートナーシップを結び、フランスにも店舗進出をしている一方、工場は世界各地にジョイントベンチャーをいくつか提携設置しており、今や多国籍企業としての性格をも持っている。その売上高は、年間6千億円を越える。生協であるエロスキグループは、スペイン企業ランク10位以内に位置し、スーパーマーケット業界では1998年度においてはフランス資本のプリカを抜いてスペイン市場占有率トップの10.9％を達成した。また電子電気メーカーであるファゴールグループも業界第5位、スペイン土着企業としては第1位となっている(1995年度)。また協同組合銀行であるモンドラゴンの労働人民金庫(カハラボラル・ポプラール)は、1997年度においてはスペインの全金融機関のうち第24位に位置し、市場占有率は0.82％であった。またモンドラゴングループはその傘下にモンドラゴン大学を設置して、自前の技術経営専門教育を実施している。

第1章　非営利協同の生成と仕組み

　このような大規模なモンドラゴン協同組合グループがなぜ、バスクにおいて出現したのかについて、まずその歴史と背景等から見ていくことにする。

2、バスク地方の歴史

(1)　バスクはどこからも直接支配されなかった

　歴史的にはバスク地方はスペインとフランスにまたがって存在している。その地帯の境界には標高2000メートル以上の山が連なるピレネー山脈がそびえている。バスクの北側はビスケー湾（ビスカヤ県に由来）から大西洋を望み、南側はスペイン最長のエブロ川が他県との境界をなしている。スペイン側にはバスク自治州とは別個にナバラ県があり、歴史的にはバスク文化およびバスク人が居住しているが、これまた歴史的政治的な理由で1978年のスペイン民主化および新憲法による自治州分立の際に双方は共通言語のバスク語を継承するバスク文化であることを確認しつつ、別々の独立の行政自治州を形成している。ナバラ県の首府パンプローナは、ヘミングウェイが小説で紹介してから、7月の「牛追い」が行われるサンフェルミン祭はバスク文化の一つとしてつとに有名となった。パンプローナは遠くローマ帝国の将軍ポンペイスの進出を記念して名付けられたものであり、その後、フランク王国の進出、さらには8世紀におけるイスラム支配も受け、長くフランス王の支配する地域となったところである。
　一方現バスク自治州の地域は、フランク王国シャルマーニュの支配もイスラムの支配も受けたことのない地域であった。しかし、バスク自治州にナバラ県が加入しなかった直接の理由は、1936年から40年まで続いたスペイン内戦において、ナバラがフランコ反乱軍側につき、一方バスク3県（ギプスコア、ビスカヤ、アラバ）は共和国側についたことによる。いわゆる「ナバラ問題」はバスク統合化の一つの課題

29

になっている。またこの二つの地域に接するリオハは、スペインのぶどう酒の産地として有名であり、バスク文化の影響の強い地域でもあり、その一部はバスクリオハと名乗っている。

(2) バスク語問題

　バスク自治州はバスク語を公用語としている。これは1978年のスペイン憲法で明記されたものである。したがって、バスクにおいて公務員になるためには、バスク語の習得が必須である。テレビ、ラジオ、新聞でバスク語専門局、専門紙がある。バスク語人口は、通説とは異なって、衰退しているのではなくて、逆に、歴史的には現在もっとも使用が拡大しつつあると言える。大学の教科書もバスク語化を促進しており、学術用語の定義の確定過程にあることはその効果を高めるものである。バスク語はモンドラゴンのあるギプスコア県での識字率がもっとも高く、人口の58％がバスク語を話せる（流暢26.9％，普通16.4％，少し14.3％）。アラバ県では13.3％（各7.9％，1.3％，4.1％）、ビスカヤ県では27％（各13.6％，6.4％，7％）。因みにモンドラゴンの町では9割もの町民がバスク語を理解し、日常的な言語となっている。こうした現象は例えば、バルセロナでもカタルーニア語が日常的に使われているのと同様に、地域文化振興的な傾向である。
　バスク人の出自については、コーカサスからの流入説など幾つかあるが、結局のところ、原ヨーロッパ人種として、バスク人は古代より当地に居住し続けており、その上をケルト人、インドヨーロッパ語族などの複数の文化が通過していったと考えるのが妥当と思われる。
　バスクはインドヨーロッパ言語とは異なってむしろ日本語文法と同じ膠着語としての性格をもつ特異なバスク語を持つ、特別な民族として知られており、またバスクの分離独立運動とそれに伴うETA（バスク分離独立運動）グループによるテロリズムの問題は、例えばアイルランド紛争、フランスのブルターニュ問題、コルシカ島の独立運動、ユーゴ紛争などのようにヨーロッパのいくつかの地域でも見られる民

族紛争の一つとしても知られている。バスク自治州の人口は約220万人であり、ナバラ県は約60万人、フランス側バスクには約30万人が居住している。

(3) 地方分権は文化の重層性に基づく

　スペインは人口約4000万人、面積は日本の1.2倍の約50万平方キロ、高地が多く、山並みに分断された国である。首都マドリッドは北緯40度付近に位置する。日本では青森がマドリッド同じ緯度にある。気候は大陸性、地中海性、北大西洋性など多様であり、南部にある山脈にはスキー場が散在している。しかし南部では夏に雨がほとんど降らず、気温も40度を越える月がある。一方、北部地域では雨量も月120ミリ位に達する季節がある。

　歴史的には、スペインはヨーロッパの末端の半島として、様々な文化が流入し重層化してきた。紀元前のケルト文化、ギリシャによる植民地の建設、5世紀位までのローマ文化の浸透、ゲルマンの大移動による西ゴート族の南下による侵入、8世紀から800年にわたるスペイン北部を除いた地域におけるイスラム支配と、その対抗軸としてのキリスト教徒世界によるレコンキスタ運動などが続いた。

　1492年はスペインにとって記念すべき年であった。カトリック両王によるスペインの統一とイスラム支配の崩壊、コロンブスの新大陸発見、ユダヤ人の追放などスペインの未来を大きく変える出来事が発生した。以後新大陸の富をバックにハプスブルグ・スペインはヨーロッパに覇権を唱える世界帝国となった。歴史上、真に地球を一周して支配した世界帝国はスペインが初めてであった。しかしその後、ヨーロッパでは新興のオランダ・イギリスなどに覇権を取られ、旧体制に固執するスペインはヨーロッパの草刈り場と化し、1700年以降フランスブルボン王朝の支配するところとなった。ナポレオンの侵略は、スペインの画家ゴヤの絵に見られるように、スペイン人の国民意識を形成することともなった。スペイン人の抵抗は「ゲリラ」という言葉とし

て残った。しかしなおスペインは近代化に立ち後れたヨーロッパの後進国の位置に甘んじたのである。

19世紀に入り、都市市民層を基盤とする新興自由主義と農村大地主を基盤とする旧体制的封建主義が衝突したのは、1800年代に数十年の長きに渡って3度にわたり発生した「スペイン内戦」であるカルリスタ戦争である。ナバラ県は旧体制派であるカルリスタの本拠地でもあった。またこの時期にバスクナショナリズムが形成されていった。後に、1936年からのスペイン内戦の火の手の一つがナバラの地パンプローナで上がったのも、そうした歴史的背景の所以であった。

(4) バスクの自然と工業の発達

バスク自治州は人口210万人でスペインの人口の約5パーセントにあたる。その地帯の土地は狭いために、人口密度はスペイン諸州の中では高く、一平方キロあたり220人である。ビルバオ（バスク語名ビルボ）は人口36万人、スペイン有数の保養地で夏の王宮もあるサンセバスチャン（バスク語名ドノスティア）は人口18万人である。所得はスペイン平均に比べると高い。1997年度の一人当たりの平均国民総生産は265万ペセタ（318万円）である（スペイン平均は180万〈216万円〉ペセタ。日本では454万円）。

また産業セクター別の生産高は、第三次産業であるサービス部門が55％、工業部門が37％、建設部門7％、農水産部門が1％となっている（1998年度）。

バスクの農業においては伝統的に、入会権と協同労働が存在していた。「アウゾ」という慣習は「仲間の助け合い」である。またスペインには伝統的に牧羊組合（メスタ）という特権的同業組合が中世以来受け継がれたが、19世紀半ばにその特権は廃止されている。しかしバスク地域ではその考え方は残ったのである。またバスクの地形と風土は、牧畜を盛んにするものであった。羊は草を求めて山や丘陵を移動するが、移動自由の権利と「入り会いの権利」は協同主義に立脚する

ものであった。またバスクの農家はスペインではめずらしい大家族主義の形態をとり、「カセリオ」と呼ばれ、協同労働を常態としていた。その典型として、現在もチーズ製造、ワイン製造の多くが協同組合として事業化されている。

　バスクのビルバオはスペインの産業革命の重工業の中心地であった（一方、バルセロナは織物など軽工業の中心地であった）。バスクには産業革命を支えるべき、スペインとしては豊富な雨量による水力発電、および燃料（木炭、）、原料（鉄鉱石）が存在した。さらに、土地が貧弱なために農村は長子相続制度を採用しており、過剰人口は移民として新大陸、旧大陸に輸出する土地柄であり、過剰労働力があった。イギリスからの石炭とコンビを組んでビルバオを中心として、製鉄業、造船業、製紙業などの大工場が設立された。スペインの資本主義の勃興はまた新な労働者階級の存在を創り出した。ビルバオはまたスペインの労働運動とりわけ社会主義運動の中心地で、「社会主義のメッカ」と呼ばれた（これに対して、バルセロナはその産業形態の熟練職人的性格を反映してアナーキズムが優勢であった）。

(5)　**経済協定が地方自治の保障**

　バスクの特徴として、政治的経済的特権を有するという「フエロ」（地方特権）の伝統があげられる。スペインは歴史的にイスラム支配および共存という歴史的な社会の在り方による中央国家統一の「遅れ」が見られたために、この一部の地域の「フエロ」特権と反中央集権主義とは連動していると言える。フエロは現在では地方特別法として形を変えて強く存続している。

　バスクのフエロの起源は13世紀に遡るが、16世紀以降に制度化された。これは、王権が直接及ばない地域に対して特権を認めて、従属または共存を計る政策であった。この特権はバスクにおける封建階級の内側の自由民たちの範囲とはいえ、税金免除、自由商業、兵役の免除など、封建世界での王権の重要な支配権が免除されていたのである。

封建制度下とはいえ、バスクの地方領主たちがゲルニカの樫の木の下に集まるなどして、成文化した法典に基づき、いわゆる議会を開き協議をして政治的決定を行ってきたという伝統は、今日のスペイン中央政府との経済協定につながっているわけである。またスペイン内戦のときにバスクが共和国側について自治を宣言したこともこの流れに繋がっているのである。

　スペイン中央政府とバスクとの経済協定が初めて作られたのは1878年であった。税金はすべてバスクで集金し、中央政府への分担金は両者の協議の上で決めるというものであったが、この方式はフランコ独裁下で中断したものの、その後復活して現在もほぼ続いている。バスク政府からの中央政府への支払金は「クーポ」、または「クオタ」と呼ばれ、同数からなる混合委員会において、算定基準は支出予算に対応した金額を基準にしているのが特徴である。

　現在の経済協定は、スペイン民主化後の1977年に制定されたものであり、1978年のスペイン憲法にも明記されている。バスク政府は独自の租税制度を定めている。地方自治の経済的根拠は、何よりも自立的に徴税して自立的に配分決定をすることにあるという例証である。

　このように伝統的な協同の労働の形態、工業の発展による資本蓄積と技術蓄積および資本主義化による労働運動の発展、歴史的に継続している経済的・政治的自治意識、民族的独自性を強烈に意識させる言語を含めた独自の文化、またフランス、イタリアなどからの19世紀以来の協同組合思想と運動の流入などが、「モンドラゴン協同組合運動の誕生」の遠景にあると言えるのである。

3、協同組合を囲む制度的な側面

(1) スペイン憲法、バスク協同組合法、スペイン協同組合法

　モンドラゴン協同組合グループの基本にある性格は「協同労働協同

組合」という形式を採用していることである。

「協同労働」という概念は現在日本では法的にないので、多少判り難いかもしれない。スペインでは協同組合法や社会保障法でそうした労働概念が明記されている。スペインで具体的には、「協同労働」とは労働者協同組合（CTA）や労働者株式会社（SAL）で働く労働者の在り方を指す用語である。

日本ではなぜこうした労働概念で馴染みが薄いかと言えば、明治半ばに日本が協同組合を導入しようとしたときにまで遡ることとなる。日本では1900年（明治33年）にドイツのライファイゼン農業信用協同組合をモデルにした産業組合法が作られたが、そのときにヨーロッパ的な生産協同組合の考えは排除された。例えば、後に民俗学者として知られる柳田国男は、その『最新産業組合通解』（1902年）の中で、産業組合は労働者保護のために本来あるべきだと述べているが、なぜ日本では生産の協同化ができないかを、次のように指摘している。

「外国には純然たる共同生産を目的とする産業組合を許したる国もあれども、他の種の組合が着々と成功するに反し、共同の生産を目的とするもののみは発達思わしからず、しばしば内部に紛争を生じ中途にして廃絶せるものあり（一部現代語に修正）」

として、その理由として「適当な管理者を得られることなく……優れたる人物を雇い入るるための資力もなければ……」と述べている。要するにヨーロッパでも生産協同組合や労働者協同組合は、経営管理能力不足と資金不足が原因で失敗しているのだから、日本では避けるべきだとしているのである。したがって柳田は、日本では生産方法の一部、すなわち「機械、機具、手段等の使用の共同化」をすることが妥当であると結論づけた。

以来、日本の協同組合法では、生産の協同、すなわち労働の協同化は規定されることなく現在に至っている。このような日本的な特徴が、いわゆる先進国の中では、唯一、生産協同組合の発達が遅れた国となった理由の一つとなっている。したがって、日本においては、新しい労働形態・企業形態の在り方については、近時において徐々に注目さ

れつつある議論であると言えよう。

　一方、スペインでは1869年に商法において協同組合を明記したのが初発である。

　特記すべきは、現在のスペイン憲法は協同組合を振興すべき事業形態として労働者の権利と結びつけて把握していることである。この点は日本の協同組合法制度における規制的対象としての、あるいは弱者集団としての協同組合観、さらには憲法や労働諸法における弱者的、賃労働者限定的な労働者観とは対照的であると言わなければならない。

　スペイン憲法（1978年）第129条2項では、労働者が生産手段の所有を行うことに対する公権力（とりわけ自治州権限の）優先化が計られた。スペイン憲法第148条およびバスク自治州法第10条（1979年）でも具体的な事業形態としてみなして、協同組合を推進すべきことを明記している。労働者の権利を単に賃労働の範囲に限定していない労働観がスペインの民主的憲法には明記されている。こうした観点は例えば、イタリア憲法などにも見られるものである。

「諸公権力は企業における（労働者の）参加の様々な形態を効率的に推進すること。また適切な法律を通じて協同組合を育成すること。労働者が生産手段の所有に近づけることを容易にできるような諸方策を定めること。（スペイン憲法代129条2項）」

　またスペイン協同組合法（1986年）第1条では協同組合を次のように定義している。

「協同組合とは、共同の社会・経済的利害または必要をもっている人々が、資本と民主的管理をもって、自由な加入、任意の脱退という制度のうちに協同して、その満足と、共同体の奉仕のために企業活動を展開し、その協同組合活動の実行により、共同の資産に配慮した後、経済的結果を組合員へ還元する団体である。」

　協同組合とは、いわゆる組合員の相互扶助という社会的弱者としての仲間同士の閉じられた輪の中でのいわば自分たちだけの排他的な福利を追求するものだと、伝統的な協同組合観では言われているが、スペイン協同組合法が、その従来の「相互主義原則」を打ち破って、

第1章　非営利協同の生成と仕組み

人々のニーズを基礎にした協同を打ち出したことは画期的な転換であったと言わなければならない。すなわち協同組合のコンセプトは、「共同」のためにから、「社会」のためにと基本的な転換を示したと言えるのである。

この点および協同組合法制の詳細な分析については二上護論文「スペインの協同組合法制」(『協同組合の拓く社会』みんけん出版、1988年）と本書の二上論文を参照願いたい。

スペイン協同組合法改定に影響を与えたバスク協同組合法（カタルーニア協同組合法も同じく大きな影響を与えた）は1982年に制定されている。そしてバスク協同組合法は何よりもモンドラゴン協同組合グループの経験に負っていることをその前文で述べている。当該前文ではバスクにおける協同の伝統として、地域共同体における共同労働（アウゾラン Hauzo Lan）、また農業における結合労働（ロラ Lorra)、漁民達の同業組合、農民の共有地制度などをあげている。さらにスペイン産業革命以後のビルバオにおける消費協同組合の発展、モンドラゴンに近いエイバルにおける工業協同組合アルファ（当初は猟銃製造だったが、平和産業への転換を計り、ミシンを作っていた）の実践などがモンドラゴン運動以前にあったことを述べている。これらの先駆的運動は、いずれも1936年のスペイン内戦によって崩壊させられた。

さらにバスク協同組合法第1条（1982年）では次のように定義していた。

「協同組合は一定数の組合員と可変資本により形成され、組合員および共同体のために、ある種の経済活動・社会活動を展開することを目的とするもので、次の原則に従う。すなわち、

a）組合員の自由加入と自由脱退。
b）自立、協同組合の民主的経営。
c）協同組合資本出資に対する自主的な制限利子。
d）組合員の活動実績度に基づいて、組合員へ剰余金の配分をすること。
e）協同組合の民主的原則の教育および組合員に対する経済的職業的

専門技術の総合的訓練の実施。
f）協同組合同士、連合会が共通利害のためにより協力すること。」

なお1993年にバスク協同組合法が改正されたが、これはヨーロッパのEU統合に伴う法制の整合化と、単一市場化に対応したより普遍化した方向での改正であった。主な改正点は次のような点である。すなわち、原則的な側面では、なによりも市場競争に対応した効率的な経営、および民主的・透明的な協同組合主義をその基盤に置き、第三者との取引の拡大を容認化している（序文）。

組織構造的な側面では、組合員の出資義務化の強化、組合員の多元化（労働者、利用者、出資者、個人、団体などの組み合わせによる）に伴い、従来の「1人1票」制を保持しつつも、法人団体組合員などに対する一部複数投票権の容認（第35条）、一方、出資だけしている不活動組合員たちの投票総数を20％以内に引き下げた（30条）。また、驚くべきことに、理事会メンバーの25％を非組合員から選出することができる（もちろん総会において）例外事項を設けた（第41条）。

また経営指導部の権限を、事業の効率性を高めるために経営的な役割に限定し、一般組合員組織関係についての権限を外した。その代わり、新たに監督委員会（労使同数委員会）または、従来は任意組織で正式権限のなかった組合員協議会（コンセホ・ソシアル）を定款の絶対的記載事項として明記して、協同組合の正式機関としての位置づけを行った（第13条）。

これは労働者の経営参加形態明記を義務づけたヨーロッパ協同組合法案との整合性を図ったものと言える。この「組合員協議会」とは、実際は一般会社における労働組合と同様の機能を持つが、スペイン協同組合法制は労働者組合員を賃金労働者とは厳密には区別しているので、法形式上は労働組合法の適用を行えないために、このような名称の組織としている。ただし、労働組合との大きな相違は、労働者協同組合員が自らの賃金基準や評価方法の決定に関与するという点であり、単に労働条件経済条件の改善要求の立場に留まらない決定参加的側面が強いことである。またいわゆる雇用労働者（非組合員）の比率も従

来の従業員全体の10％制限枠から30％以内までと大幅に増やした（第98条）。これは労働のフレキシブル化という市場傾向の中での現状追認という形である。モンドラゴンでは、こうした従業員の労働上の待遇面は組合員と同一だと述べているが、今後、いわゆるパートや非正社員の経営参加という側面は検討の対象となる問題であり、現にモンドラゴン内部でも彼らに対する投票権の一部承認の可否について議論がなされている。

経済的側面では、資本出資金への利子率の制限を明確化した（法定利子率よりも6％を超えない率に押さえる）。これは利子率自由化競争の中での対応策であろう。日本の現状のような低利子政策の状況では想像外である。

また資金調達のための特別優遇債券の発行を認めたことである（第64条、第65条）。これはむやみに民間資本からカネを集めて良いという考えではなくて、後に触れるように社会的経済（非営利協同）セクターからの外部資金調達ということが念頭に置かれているのである。一方、剰余金の配分については、組合員個人には分配しない義務的積立金に最低20％、教育振興基金に最低10％を充当するとしている（第67条）。

制度的な側面では、イタリア、スウェーデンなどをはじめとしてヨーロッパに広がりつつある福祉事業などを行う社会サービス協同組合の発展を想定して、混合型協同組合の概念を新たに導入した（第135条）。混合型とは従来の、組合員は消費者であるとか労働者であるとか単一の性格をもった組合員制度ではなくて、異なる立場と利害を持つ複数種類の組合員が同時に一つの協同組合の組合員として構成されることである。例えば、社会サービス協同組合における利用者とサービス提供者、従業員などが協同することで運営を行うというケースである。また、協同組合グループと行政が社会的利益を共同して追求することも明記している（第136条）。これは単に協同組合という組織形態だけではなくて、いわゆる社会的経済（非営利協同）セクターにおける企業的協同化を想定しているものである。

バスク新協同組合法（1993年）抜粋

第1条　目的
1．協同組合は組合員の経済的社会的活動推進とその積極的参加によってみずからの必要を満足させることをを第一目的とし、協同組合原則を考慮しつつ、地域共同体に関心をもつ企業たる事業体である
2．協同組合は、現行法の範囲において、協同組合原則にその構造と機能を合致させること。法の範囲内で、公的・民間いずれの組織に対しても完全な自立と独立を有す。
3．協同組合はいかなる経済的社会的活動も実施できる。ただし、協同組合基本原則と合致せず法で禁じられていることは除く。

第5条　第三者との事業
1．協同組合は、法や定款で明確に禁止していないかぎり、組合員の事業に関連しあるいは補助する内容で、第三者と協同組合活動を実施できる。（以下省略）

第13条　定款の必要記載事項
1．n）監督委員会或いは訴願委員会または組合員協議会の構成と機能

第21条　労働する組合員
1．協同労働協同組合でない協同組合において協同組合的活動をする労働者は、労働する組合員の資格をもつ。
2．労働する組合員は協同労働協同組合における労働者組合員と同じ法的適用を受ける。（以下略）

第30条　不活発組合員または非利用組合員
2．この種の組合員は定款で定めた権利義務を有するが、その投票権

は全投票数の5分の1を越えないこと。(他略)

第35条　投票権
1．協同組合では各組合員は1票を有す。
2．しかしながら単位協同組合においては、協同組合や公的機関が組合員になる場合は、協力的活動の範囲で補完的に投票数を定めることができる。定款で投票権の基準を決めること。1組合員の投票数は全体の3分の1を越えないこと。
4．協力組合員、不活発組合員、非利用者組合員、一時組合員の投票総数は、全体票数の半分未満であること。(他略)

第41条　経営責任者の選出
2．経営責任者が1人の場合は組合員に限る。理事会の4分の1を非組合員とすることができる。(他略)

第54条　組合員協議会。その性格と機能。
1．50人以上いる協同労働協同組合およびその他の協同組合においては、組合員協議会を、労働、運営、代表管理の事項についての諮問機関として設置できる。(以下略)

第98条　協同労働協同組合の目的と一般基準
4．賃金労働者の数は労働者組合員数の30％を越えないこと。越える場合は3ヵ月以上続いてはならない。それ以上の場合は労働社会保障省の許可を得ること。(以下略)
5．非組合員たる賃金労働者も協同組合割戻金の25％以内で配当を受けることができる。(他略)

第120条　医療支援協同組合
1．組合員や被保険者、受給者の健康に関する危険をカバーする企業的活動をする社会保障協同組合である。

3．医療専門家その他と協力して、第三者の被保険者にもサービスを提供している場合は、協同労働の社会保障協同組合の規則が適用される。（他略）

第121条　医療施設協同組合病院、診療所で、受給者組合員、その家族、職員に医療支援を行うために、個人、法人によって作られた医療協同組合には、病院規則、消費協同組合規則も適用される。（以下略）

第126条　社会復帰協同組合
1．身体障害者、精神障害者が組合員の多数を占める協同組合で、製品生産販売、組合員の労働化、福利提供などを行う。
2．公的機関も組合員として参加できる（以下略）

第135条　混合型協同組合
2．投票権の51％以上は協同組合員が有する。投票権の41％未満は利害関係者に配分できる。利害関係者の権利義務は株式会社法に定めた規則に基づく。（他略）

(2) バスクの社会的経済

　バスクにおける社会的経済セクターとは非営利協同組織とスペイン独特の労働者株式会社（ＳＡＬ）を含めたものであるが、1998年度においてバスク州の国内総生産（ＧＤＰ）の5.3％、労働人口の5.8％、輸出総額の8.3％を占めている。約1,500の非営利協同組織で42,568人が共にこのセクターで働いている。このうち、バスク協同組合連合会に加入している協同組合だけみると440協同組合、総売上高5,300億ペセタ（ほぼ日本円と同じ位）である。
　一方、バスクにおける労働者株式会社（ＳＡＬ）は260企業、8,003名の労働者、総売上高892億ペセタとなっている。この労働者株式会社は、従業員が会社の株式の51％以上を所有する株式会社で、米国に

おける従業員所有制度会社（ＥＳＯＰ、約10万社ある）中の民主的ＥＳＯＰ（約千社ある）と類似したものである。ＳＡＬの民主的経営の保障はその定款における１人１票制度の堅持にある。いわば株式会社であっても社会的使命と非営利組織としての運営と経営方針を持っている組織を、幅広く社会的経済セクターとして認知するという方向は、スペインやバスクのみならず、ＥＵの政策として定着しつつあるのである。バスク政府の1998年度予算では、社会的経済関係予算として２億５千万ペセタ、協同組合予算として１億ペセタを掲げている。

　またスペイン社会保障法では労働者協同組合の労働者は、以前は、賃金労働者ではないとして、年金保障等の埒外に置かれていたたが、1980年の改正法において労働者協同組合の労働者を労働者の１種類として、賃金労働者、自営業者とは区別しながら特記したのである。さらに1994年改正法では、「協同労働労働者」とその項目名称を変更して、その対象範囲に労働者株式会社の労働者も加えている。これによりこれらの労働者は賃金労働者と同じ社会保障の条件が適用されることになった。協同労働の形式で働く労働者の存在を認め、幅広い労働者概念の中に包摂して考えるようになったのである。

４、モンドラゴン協同組合の歴史

(1) スペイン内戦とモンドラゴン

　1930年代は世界的に革命と反革命がせめぎ合った時代だったが、スペインも例外ではなかった。モンドラゴンでも革命的暴発が1934年10月に発生したが失敗に終わった。1936年に人民戦線が全国選挙に勝利するとにわかに内戦の気運が高まった。1936年の７月についに内戦が勃発したが、モンドラゴンは、同年９月から翌37年４月まで戦闘の舞台と化した。スペイン北部戦線はスペイン内戦の初期の一大攻防地であり、工業地帯としても戦略的に重視された。いわばモンドラゴンを

制圧した後に、同月4月26日にドイツのコンドル爆撃軍団によるゲルニカ空襲が行われているのである。このとき数千人とも言われる市民が殺された。フランコ反乱軍はゲルニカを迂回してビルバオを37年7月に占領した。フランコ将軍はビルバオの大通りを行進して勝利を祝ったという。バスク戦線の戦闘は内戦の基本的勝敗の方向を決定することになったといえる。多くのバスク人が亡命をした。とりわけ数千人の子供達が世界各地に散らばっていった。

　モンドラゴン協同組合の創設者アリスメンディアリエタ神父もまた、一度はフランス側に徒歩で逃亡していった一人であった。彼はバスクへ戻り逮捕投獄されるが、運良く銃殺は免れた。1939年3月内戦が終結し、バスクは民族言語使用禁止などの厳しい報復措置を受けた。

　アリスメンディアリエタは思想的にはカトリック社会連帯派、フランスの人格主義的連帯思想家のムーニエや協同組合思想家ランベールなどの影響を受けていた。彼が1941年2月5日に当時まだあった鉄道駅に降り立って、モンドラゴンの地区教会に赴任したのは誠に偶然であったが、内戦で疲弊しすさんだモンドラゴンの町で彼がまず始めたことは若者のサークル活動化と教育であった。モンドラゴンは当時約7千人が住んでいた（現在は約2万5千人）。モンドラゴンは伝統的に鋳造工業の町で、スペインの当時としては大企業の製鉄所ウニオン・セラヘラの城下町的な様相を呈していた（現在は撤退）。ウニオン・セラヘラは自前の徒弟学校を内戦の終了した1939年に作っていた。アリスメンディアリエタはモンドラゴンの町の人々が二つの階級に分断されているのを見た。アリスメンディアリエタはウニオン・セラヘラの徒弟学校でも教えていた。神父という立場は階級を越えた立場であったと言えよう。大企業と地方金庫などの上層階層は特権と企業内共済を享受していたが、一方その他の下層階級の人々はまったく無権利の状態に置かれていた。スペインにおいては、まだ社会保障も教育制度も整備されていなかった。徒弟学校にはセラヘラの社員の子弟など選ばれた子供達しか入学できなかった。アリスメンディアリエタはスポーツ青年団、勉強サークルを勢力的に組織した。

第1章　非営利協同の生成と仕組み

　彼の技術学校は1943年に20名の生徒をもって設立された。学生数は次第に増加していったが、彼らはもちろん勤労少年たちであった。「働きながら学ぶ」はアリスメンディアリエタの負け惜しみの方便ではなくて、教育学者フレイレなどの影響による彼の信念であり、その方式は後の「勤労学生協同組合アレコープ」の設立につながった。少年達のサッカー場として入手した土地は後に技術学校の用地になった。アリスメンディアリエタは学習文化サークルを多数作り、1948年に「教育文化連盟」という組織を作った。当時、サークルの開催時間は10カ月で総計2,000時間にもなったと言われ、アリスメンディアリエタは講師の一人として多忙を極めたと言われている。モンドラゴングループの最初の「工業協同組合ウルゴール」が1956年6月に作られるまでの約15年間はまさに、モンドラゴングループが芽生えるための貴重な準備期間・教育期間としてなくてはならない準備段階とみなすことができる。また1980年代の半ばまでバスク語による教育を実施する数十の教育協同組合小学校イカストラがモンドラゴングループの傘下にいたが、民主化により自治州が確立するにつれて次第に公立化していき離脱した。従ってモンドラゴングループはその時期まで、多数の教育協同組合を抱えていたという点でも特異な側面がある。

(2)　最初の工業協同組合ウルゴールの誕生とモンドラゴンの発展

　技術学校を卒業して、技師の資格を持った5人の若者はウニオン・セラヘラに就職したが、労働者階級出身の下級技術者としての位置付けであった。彼らはアリスメンディアリエタとの学習議論の中で、自らの手による自主的な新しい企業形態に活路を求めた。彼らはビットリアにある会社を買収してモンドラゴンへ工場を移した。従業員は16名となった。バルセロナのメーカーからイギリスの石油ストーブ・アラジンの製品のマネをしたデザイン権を入手して、石油ストーブ製造を始めた。また台所用コンロも製造した。当時は日本と同様に石油コンロで台所の煮炊きをしたものであった。

ウルゴールは1959年に正式に工業協同組合として登録した。翌1960年には、早くも228人の労働者組合員を擁する規模へと発展した。1962年には名称を「ファゴール」に変更した。工作機械を製造するアラサテ協同組合は1958年に設立された。

　モンドラゴングループは、協同組合銀行である「労働人民金庫（CLP）」を中心にして発展してきたと言われる。CLPが設立されたのは、1959年であり、それ以後モンドラゴンはグループとして真に活動し始めたということができる。

　モンドラゴン協同組合グループの発展区分としては、外部的な要因としては、1975年のフランコ死後以前の独裁体制における工業協同組合の発展が「第一時期」として区切ることができよう。協同組合はコンスタントに伸びたということができる。

　フランコ独裁時代においては、協同組合は微妙なイデオロギー的立場にあった。アリスメンディアリエタは既成の経済制度・法制度を利用しつつこの隙間を巧みにつきながら、バスクにおいて独自の企業形態を発展させるための柔軟なアイデアを提起し続けた。まず第1時期としては、工業協同組合設立増加数は1965年から85年までは平均して年4つの工業協同組合が作られたことになる。労働者数も年間平均約

表1　MCCグループの発展指標（但し工業部門と流通部門のみ）

（百万ペセタ）

年	販売高	輸出高	労働者数（MCC全体）	協同組合数
1965	1,708	—	4,211	14
1970	7,059	786	8,743	36
1975	19,694	2,347	13,808	54
1980	69,064	13,576	17,733	74
1985	140,020	31,899	19161	94
1990	280,291	52,036	22,959	109
1995	568,665	98,514	27,950	100
1998	884,617	183,611	42,129	98

出所：各Annual Reportより作成

第1章 非営利協同の生成と仕組み

表2 工業協同組合部門の発展指標

百万ペセタ

年度	協同組合総数	売上高（百万ペセタ）	労働者数
1965	14	1,708	4,211
1970	36	7,059	8,743
1975	54	19,694	13,808
1980	74	69,064	17,424
1985	94	140,020	19,161
1990	101	189167	17,586
1995	82	251,877	15,286
1998	89	390,133	19,585

出所 INFORME ANUAL.

表3 生協部門（エロスキグループ）の発展指標

百万ペセタ

年度	売上高	投資高	労働者数
1985	30,000	1,450	1,859
1990	114,196	10,381	3,853
1995	306,901	17,352	10,500
1998	494,484	36,494	20,182

出所 INFORME ANUAL.

表4 財政部門（労働金庫）

百万ペセタ

年	預金高	投資高	資産
1985	146,970	76,778	10,330
1990	311,112	183,536	33,400
1995	585,774	324,190	74,173
1998	911,074	513,172	111,289

出所 CLP MEMORIA

200名の規模で増加している。

「第二時期」は1975年以降から1986年までと観ることができる。1986年にはスペインはＥＣ加盟が認められ、外国資本のスペインへの投資が始まった。これにより従来の保護的な政策からの転換を迫られた。

1987年10月には、モンドラゴングループは第一回連合会議を開催した。この会議ではグループ構造の抜本的な再編が提案された。すなわち、第一に、従来は自然発生的に各協同組合は地域的な結びつきで15ほどにグループ化されていたものを、新たに部門別に９つのグループに再編することと、また労働人民金庫（ＣＬＰ）に加入契約することで、ＣＬＰを頂点とするピラミッドとした構造であったものを、財政金融、工業、生協物流の３本柱とし、さらに教育支援部門を付属させ、連合会議・理事会を統括的頂点に置くことにしたことであった。これは将来のヨーロッパ単一市場の出現を視野に入れての生き残りをかけた長期戦略に基づくものであった。1993年のヨーロッパ市場の景気後退の影響を受けたものの、不採算部門の廃止、および新規事業の拡大、グループ内での人員配置転換という手段で、労働者の解雇という手段を取らずに不況を乗り切ったのは、以前からグループ内での共同決算、義務的準備金の強化という協同組合においてもっとも過激とも言える手段を実践してきた経験がものをいったのである。1995年時点での工業分野での協同組合数と労働者数の減少はその間のリストラ策の表れである。配転となった労働者の多くは生協流通部門へと移動している。

(3) 労働人民金庫の役割

自分たちの銀行を作らなければ、企業グループとしての真の自立は勝ち取れない、と考えたのはアリスメンディアリエタであった。彼は利用可能な制度を探して、半年の準備期間の後の1959年７月に労働人民金庫ＣＬＰを設立している。

当初の目的として掲げられたのは、信用協同組合としの役割、加入協同組合に対する経営指導の役割、およびそれら協同組合で働く労働

者の社会保障・共済事業の役割の3本柱であった。後者2つの機能は後に、「ラグンアロ共済組合」と「LKS経営企画局」として分離発展することになる。

モンドラゴングループ発展の内部的な要因としては、したがって労働人民金庫CLPの経営指導に基づく協同組合設立および地域グループ化の展開段階としても見ていくことができる。発展の第一段階は明確な地域グループ化がされない1965年までである。この時期はCLPの経営指導、資金調達融通によって、協同組合が新規に設立されたり、民間企業からの転換によって作られたものの、各協同組合の共同化は明確に打ち出されていなかった。

第二段階は、最初の地域グループ・ウラルコがウルゴールなど3つの工業協同組合によって設立され、共同決算を始めた1966年から、CLPが加入協同組合との間に明確な「連合契約」を制定する1976年までである。これにより統一定款の採用など一層のモンドラゴングループ化を促進する基礎を拓いた。この間、1971年以降はCLP内部のLKS経営企画局のイニシャチブによって協同組合が作られ指導された。また1974年にはウルゴールにおいて賃金評価基準をめぐってストライキが発生して、労働者参加問題の再検討が迫られてもいる。

第三段階は1976年から連合定款が発展的解消される1990年までである。この間、1984年にはグループの名称を「モンドラゴン協同組合グループ」として基本原則化し、さらに地域ベースから部門ベースへの再編、CLPの役割分散化の明確化などが進められた。現在はさらに「MCCモンドラゴン協同組合企業体」という名称に、実態に合わせて呼称変更されている。

(4) LKS経営企画局

経営企画局はもともとCLPの一部門として始まった。もともとモンドラゴングループは労働人民金庫との連合契約を各協同組合が結び、その経営指導と資金援助を受けるという形であったからである。LK

Sは当初、一般経済動向研究、各分野の事業推進企画・計画、法的相談、マーケティング調査、各協同組合の実績数値点検・監査、緊急経済支援など多岐にわたる活動を行っていた。

　後にバスク州大統領になったアルダンサや前バスク州産業大臣のレテギなどはここで法律専門家として働いていた。LKSはモンドラゴングループの地域単位的編成から部門単位編成への転換と共に、CLPの役割が金融に特化していくのに伴い次第に独立性を強めていった。1988年にはスペイン監査法の改正に伴い監査サービスの協同組合となった。1996年にはさらにLKS・インヘニエーラ（経営技術支援）とLKS・コンスルトリア（監査）が協同組合として分離し、また1999年にはLKS・インテルコム（電子ネット）が設立された。従来はモンドラゴングループ内部の支援機関であって、資金的にも内部から調達していたが、次第に業務を公的機関や民間会社にも拡大しつつあり、LKSの役割と性格は新しい段階に入っていると言える。

(5)　ラグンアロ

　CLPからラグンアロが任意社会保障組織として分離独立したのは1973年11月であるが、組合員の労働安全、福利共済の組織として1959年当初からCLPの一部門として機能した。当時スペインの社会保障制度は不完全であり、1959年当時には失業保険や社会保障制度の対象から協同組合労働者は除外されていたからであった。ラグンアロが現在のような形になったのは1968年にCLPの一部門として定款に社会保障制度を盛り込んでからである。新制度ではグループ間連帯の原則が決められた。

　第一に、同一保険料・同一給付原則を採用した。第二に、どの協同組合グループに所属する組合員でも、平均保障給付の110％を越えてはならない。越えた場合はそのグループ自らが超過分を補填しなければならないし、100％以下の場合は、差額の半分が還元され受け取れる。第三に、組合員は自分の疾病給付の一部を負担しなくてはならな

い。

　1979年にラグンアロは失業手当、年金手当の新方式の検討を行った。1989年には慣行的にあった女性の結婚手当を廃止した。ラグンアロは単なる共済組織には留まらず、モンドラゴングループ内部における賃金調整、雇用調整を行う点がユニークである。さらに投資会社、保険会社を設立して、1990年代の初期の工業不況の時期には、グループの財政収益の確保、資金調達の手段としての機能を果たしている。1993年にはバスク政府と協定を結び、病院施設での医療費用給付を開始した。現在は、ラグンアロが直接、MCC全体の給与基準を決定するという役割はないが、しかし、各種社会保障給付の調整で間接的に大きな影響力を維持していることは間違いないところである。

(6)　**給与基準**について

　給与格差指標の「1対3原則」は基本的に現在も継続して適用されていると言ってよい。現在、最大「1対6」が適用され、さらに付帯決議的に、民間の同一職種の給与の75％くらいまでとしている。ちなみに、1995年のファゴールでの給与指標の例を見ると、トップマネージメントの3名が指標2.60から3、部長クラスが2.3から2.6、専門技術者が1.4から2.3、主任1.4から2.0、現場労働者が1.0から1.3となっている。アンケートによれば組合員の給与に対する不満はないわけではないが、しかし、協同組合で働き続けたいという希望も高い。1993年度からの基本諸規定の改正によって、共通の基準に基づいて給与は各協同組合グループにおいて自主的に決定できることになった。給与とは正式には、「労働前払金」と「協同組合割戻金」の合算である。労働前払金は、いくつかの基本指標と格差指標（1対3の範囲）の組み合わせに基づく。すなわち、労働生産性、労働条件、勤続年数と格差の指標である。
　固定的指標としては、構造的指数、経営管理指数、減点指数があり、可変的指数としては機能的指数、相違指数、副次的指数がある。これ

らと、さらに出資還元金、ラグンアロの保険料などの組み合わせがあり、かなり複雑な構造になっている。ただし、組合員のやる気の面で、報酬面でかなりグループ的自主性をもたせる一方で、協同組合連帯基金の増加も図るという巧みな方式を1993年以降採用しており、比較的良好に機能しているようである。

　またパート労働者、非組合員の賃金労働者の増加傾向がMCC内部で、とりわけエロスキや民間メーカーの買収などのケースにおいて見られる。バスク協同組合法でも雇用労働者割合条件を緩和化する一方で、組合員と同一の権利を行使できることを謳っている。しかし、モンドラゴン原則に謳った「賃金労働の廃止」の精神と対立する現象であることには間違いはない。ただし、エロスキに見られるように、積極的に、そうした労働者の権利保障のための制度組織をつくって対応しているのは評価できよう。これに関連して、新たな問題として、労働者組合員だけでない労働者を抱えた全体を何処が代表するのかという課題で、「組合員協議会」だけではカバーできなくなりうることから、労働組合という問題が再燃するであろうし、また協同組合における労働者参加と所有との関連性という理論的問題も再検討されるべきであろう。

(7) エロスキ生協

　消費協同組合エロスキのユニークな点は、組合員制度として、従業員組合員と利用者組合員という二つの種類の組合員をもつ混合型協同組合であることである。エロスキグループがスペインの他の地域の生協のみならず、フランス・イタリアの生協との共同出資事業を展開するなど、典型的に社会的経済セクターとしてのネットワークを実現してきている。生協が地域における一般市民（顧客）との接触の場を提供していると言える。またモンドラゴングループにおける雇用調整の場としての機能も果たしている。いまやエロスキはモンドラゴングループの販売高、人員の半分を占める位置にいる。モンドラゴンは単に

労働者協同組合という枠に納まらず、まさに複合的な協同組合企業体であると言えるのは、エロスキの役割が大きい。

スペインの流通小売業の市場は外国資本による合併大型化競争が激しく進んでいる。エロスキは1998年度においてとうとう市場占有率トップになった。しかし、最近、フランス資本のプロモデスとプリカが合併し巨大化することになったのことで、その地位を明け渡すことになろう。エロスキの戦略は、地域的水平軸としてはスペインをバスク地方、スペイン全域および外国と分割して合併や共同経営路線により規模別に店舗配置を行う一方で、組織的垂直軸としては、エロスキグループ（強い協同組合原則）、持ち株会社のエロスメルグループ（非営利協同原則）、その他およびフランスなど外国提携（社会的経済原則）と使い分けて運営していると言える。こうした動きをバスク協同組合法も資金調達手段の点などで柔軟策を規定している。

表5　スペイン上位ハイパーマーケットの市場占有率

企業等	1995	1996	1998
エロスキ	3.2%	6.3%	10.9%
プロモーデス（フランス資本）	7.8	9.7	9.8
プリカ（フランス資本）	6.9	7.1	9.6
アルカンポ（フランス資本）	3.6	5.1	7.1
イベルコープ（スペイン資本）	2.4	4.4	7.1

出所：エロスキでの聴取により作成

	モンドラゴン関連年表
年	事　項
1936	ナバラで反乱軍決起。9月内戦勃発、バスク自治宣言、モンドラゴン占領される。
1937	4月ゲルニカ爆撃
1939	7月内戦終了
1941	アリスメンディアリエタ神父がモンドラゴンの教会に赴任。スペイン第二次世界大戦に不参加。
1943	アリスメンディアリエタが技術学校設立。
1948	アリスメンディアリエタが教育文化連盟を設立。フランコ政府バスク語を禁止。バスク亡命政府在パリ。
1953	アリスメンディアリエタが住宅協会設立、また結核予防診療所を開設。
1956	最初の工業協同組合ウルゴール設立。
1957	技術学校正式認可さる。
1958	ラグンアロ社会保障協同組合の前身誕生。
1959	アリスメンディアリエタが労働人民金庫（CLP）を設立。
1960	アリスメンディアリエタが機関誌『労働と団結』を発刊
1964	協同組合グループ化構想促進。ウラルコグループでき労働人民金庫を中心にして工業協同組合の設立促進が続く。
1967	ラグンアロ現在の形に改組。ETA、反フランコ武装闘始める。
1969	勤労学生協同組合アレコープ設立。エロスキ生協設立。
1973	製品研究開発センターイケルラン設立。カルロ・ブランコ首相ETAにより暗殺される。
1974	4月ウルゴールで職務評価をめぐりストライキ。ETAによるモンドラゴン協同組合批判。
1975	2月バスクに戒厳令敷かれる。11月フランコ死去。
1976	11月アリスメンディアリエタ死去。
1977	スペイン全土で労働組合結成自由化。
1978	12月スペイン新憲法制定。

1979	バスク自治州成立。
1982	社会労働党政権誕生。
1986	スペインECに加盟。
1987	モンドラゴン協同組合グループ第一回連合会議開催。エロスキ拡大続く。
1991	LKS経営指導協同組合がCLPから独立。
1992	バレンシアのコンスム生協がエロスキと合併。
1993	ラグンアロ、公的医療機関との提携開始。
1994	MCCの構造改革；CLP主導型から連合会議型へ。
1996	5月国民党アスナール首相に就任
1997	技術学校、モンドラゴン大学と名称変更。
1999	MCCとバスク労働者株式会社連合会（ASLE）が社会的経済企業として協力協定を結ぶ。MCC第7回連合会議で2001〜2004年計画策定。MCCの使命・価値の制定。

（石塚秀雄作成）

第2節　90年代のモンドラゴンの発展と変化、21世紀への挑戦

坂根利幸

　前節で、バスクモンドラゴン協同組合複合体の歴史とその特徴を概観した。本節を担当する私と次節担当の二上は、1987年、1989年に続いて3回目の現地取材である。

　10年ぶりのモンドラゴンは、予想以上の変化をしつつあるという印象を持った。しかし、1950年代始めに始まったモンドラゴン協同組合の創造と実験の取組は、今のところ着実な発展を見せており、草創期において「参加と運営そして分配」の考え方に大きな影響を及ぼした神父、今は亡きドン・ホセ・マリア・アリスメンディアリエタの思想は脈々と継承されていることも十分に伺わせている。本節では、90年代のモンドラゴン協同組合の発展の中での特徴点と、一定の変化に伴う課題等について議論を試みることとする。

1、組織戦略

　92年のEC統合を展望したモンドラゴン協同組合群は、80年代の後半で幾つかの点で、組織の再構築と掲げる理念の整備制定を実行した。モンドラゴンの歴史始まって以来の重要な大改革である。次の事柄がその主要な部分である。
・モンドラゴン協同組合群を全体的、総合的に統括調整する機構を新規に設置し運用する。（モンドラゴン協同組合連合会議の設置運用）
・労働人民金庫（CLP）の機能のうち、本来の金融事業以外の業務例えば監査機能等については、労働人民金庫の業務範囲から分離する。（LKSの設置運用）

・モンドラゴン協同組合群の原則即ち「協同組合原則」を確認制定する。

これらは、バスク地域を主たる事業エリアとして展開してきたモンドラゴン協同組合群が、EC統合とそれによる独・仏・英など先進資本主義国の巨大資本のスペイン参入から組織と事業を防衛し、自身の理念を確固として揺るがないものへ再構築し、市場経済の荒波に対抗するための措置であると考えられる。

(1) **組織再編と連合会議の設置**

200を超える単協を擁するモンドラゴン協同組合群では、80年代半ばまで、その連合議会的役割を備えた機構をもっていなかった。そのような統括調整機能は、いわば実態的には「労働人民金庫」が担っていたものと推定される。

モンドラゴン協同組合群は、この労働人民金庫がもっている全体或いは対単協統括的機能を労働人民金庫自身（本来は一信用協同組合に過ぎない）から分離すると共に、多数の協同組合の連合体ないし連合会議すなわち、「コングレス」を設置することとし、理事会（コミッティ・オブ・コングレス）と執行役員会（ジェネラル・カウンシル）を組織した。

また同時に、コングレスの下に監査機能等の機関を設置することとしたのである。モンドラゴン協同組合群の20世紀末の発展段階としての、モンドラゴン・コーポレーション・コーポラティヴァ＝「MCC」の誕生であった。（現状の簡易組織図は、第2章の「モンドラゴン本部」の項を参照されたい。）

その後のMCCの展開は、この組織の再編がおおむね功を奏していることを教示している。統括機能を分離された労働人民金庫は本来の金融事業等に専念し、欧米でもその内容の充実した金融機関として発展継続中であり、また監査機能はコングレスの下で「LKS」と呼ばれてその機能を継続発展させており、コングレスを頂点とする組織の

体制確立と運用上で大きな「きしみ」が生じているとはみられず、またこの組織改革と確立強化が、この間のＭＣＣの全体の発展の重要な基礎を成したものということができる。

　ＥＣ統合を前提として、欧米巨大資本への対抗戦略から、各単協の合同、合併等を通じて単協組織の規模の巨大化とそれ故の「よりシステム化」を目指したイタリアの協同組合群（レガ）とは対照的に、１単協の規模拡大を自己目的化せず、多数の異業種の単協を全体として統括し弾力的に運用する、そしてその民主的な運営を維持しようするＭＣＣの組織戦略と取組みには、まだまだ興味が尽きないところと言えよう。

　なお、かつて200以上存在した単協は、現在130前後と大きく減少している。その主要な理由は、教育の協同組合の離脱である。モンドラゴン協同組合群のユニークさの第一たるものとして数十の学校協同組合ないし教育協同組合群の存在があった。

　教師と生徒と親が「協同組合の構成員」というもので、義務教育的機能から技術教育機関までカヴァーするという、そのユニークな協同組合群の存在がモンドラゴン協同組合全体の人材の養成と補給を支えてきたことは疑いないことである。これらは90年代半ばで大半が義務教育の機関として地域的に公的化されて離脱したため、ＭＣＣグループの単協数は80年代以前に比して大きく減少している。またこの間、一部単協が経営不振で解散しもしくは、単協同士の合同等で単協数が減少したケースもあることと推定される。同時に、少数ではあるがＭＣＣから離脱したものの、連帯的位置を占めつつ存在している協同組合も存する。（協同組合ウルマなど）

(2)　協同組合原則……理念の確認整理

　前節でも明らかな通り、80年代半ばでＭＣＣの理念すなわち「ミッション」を確認整備したモンドラゴン協同組合原則では、日本の非営利・協同の世界でも十分に理解でき通用する原則も少なくない。しか

第1章　非営利協同の生成と仕組み

し、例えば「資本に対する労働の優越性原則」とか、「報酬の連帯性原則」など、我が国の非営利・協同の分野では馴染みが薄く、その具体的意義を理解することが容易ではない事柄も少なくない。（詳細は次節参照）

　99年秋の取材で、これらのモンドラゴン協同組合原則の適用は依然として貫徹されているものと理解したが、後述するように、幾つかの点では将来的な課題となりうる現実も眼のあたりにした。

2、市場戦略と多国籍企業化

(1) 後進国等における合弁工場の展開

　ＭＣＣの市場戦略は、もはやバスク地域に限定しているものではない。例えば、消費生協エロスキは、バレンシアを拠点とする消費生協と業務提携するなど、スペイン全土を対象として店舗展開を急速に強化しつつあり、さらには国境を越えてフランス側にもエロスキグループの店舗進出を始めている。

　一方、ＭＣＣ３大部門の金融、生産、流通のうちの生産部門では、中国、アフリカ、中南米等の比較的後進国たる地域で、一定の製品製造の工場を現地合弁企業方式で展開中である。その点では多国籍協同組合の単協が増加しつつあることを物語っている。いわばＭＣＣの多国籍化とも言えよう。

　後進国における合弁工場の建設展開は、経済的には大きな意義を有している。即ち工場土地等の資本設備費と１人当たり労務費の廉価な後進国地域での生産製造は、大きなコスト削減をもたらし、一部単協の輸出製品を中心としての販売戦略にも貢献しつつあると推定される。

　しかし、他国で展開する合弁企業は「協同組合」という形態ではなく、当然に現地の法律や制度の枠組みの中での組成と組織運営とならざるを得ない。

MCCの幹部は「MCCの理念・原則に従って運営するように心掛けている」とコメントしていた。もちろんその通りと思われるものの、文化と法律と慣習の異なる地域で、MCCの理念等が理解定着していくには課題が山積と想像される。後進国での経済発展と租税制度の変化、労働条件の上昇等々、合弁企業の将来は必ずしも安穏と考えることは適当ではなく、進出単協には数々の困難が待ち受けているものと推察される。

(2)　エロスキの民間スーパー買収

　スペイン国内全土を対象として店舗展開を果たしつつある消費生協「エロスキ」グループは、この間もその事業高と職員数で年々の増加を獲得してきている。わが日本の消費生協群がバブル経済破綻と消費経済不況の中でその供給高の減少と店舗の経営不振等で厳しい後退局面に喘いでいるのと対照的に、エロスキの成長は半端な伸びではない。
　そのエロスキの市場戦略では、EC統合等で欧米の巨大スーパー資本がなだれ込んでくる前に、スペイン全土を対象として各拠点地域での店舗展開を成し遂げてしまおう、というものと思われる。
　また今回の取材で、この間、エロスキの事業高や職員数が急増している背景の一つに、民間スーパー資本の買収という展開があったことを確認した。当然にMCCの全体規模や全体職員労働者数に集計されているものである。
　われわれは民間スーパー買収というエロスキの戦略展開に少々の驚きを隠し得なかった。日本国内の消費生協では、一店舗単位で見れば、そのような店舗買収が実行されていることを見ている。またその場合でも買収先の職員を引き継ぐなどは原則としてないのが通常である。この間のエロスキのように、企業単位での買収などは聞いたことはなく、同時に当該買収民間企業の職員を継承するなども想像していなかった事柄である。いわば非営利・協同の経営に、非営利・協同とは無縁であった多数の労働者を迎える、ということを意味するのである。

この民間スーパー買収に伴う継承労働者の存在は、MCCの原則と運営に課題をもたらしている。一つは、協同組合における協同組合員労働者と雇用労働者の混在とその割合課題である。

　スペインにおける協同組合法制・協同組合税制では、雇用労働者の割合が全体労働者数の10％以下であることを一つの要件として定められていた。しかし雇用労働者の割合が漸次増加してきた協同組合の実態から、90年代半ばで当該比率は30％に引き上げられている。この間のエロスキにおける雇用労働者の急増はこの枠組みにも抵触しうる恐れがある。この課題の前に、エロスキでは、買収した民間企業は当面別法人組織として運営しつつ、当該雇用労働者に教育学習等を施し、協同組合員として迎えられるように鋭意努力中である、としている。

　またそのような雇用労働者の多数の拡大は、「報酬の連帯・公平」といういわばMCCの重要な特徴とも言うべき「剰余の配分原則」とも矛盾しうることを示している。「出資」と「労働」と「運営」そして「分配」という見事な「バランスのシステム」を構築運用してきたモンドラゴン協同組合群の本質部分の課題でもあり、この点でも引き続き注視と研究が必要であろう。

(3)　MCCのグループ内市場……協同組合間連帯課題

　異業種の単協を多数擁するモンドラゴンでは、単協間の取引も重要な市場戦略である。

　生産部門の単協が生産製造した製品等を、例えば消費生協エロスキが優先的に取り扱ってくれれば、大いに助かることとなる。いわば「協同組合間連帯」とも言える。

　モンドラゴンでは無原則的連帯はあり得ないとしており、今回の取材でも同様の発言を聞いた。グループ内の製品であっても優先的に取り扱うなどはしない、ということを意味し、その製品が他社のものより品質的に「優れて廉価」であるかどうかが、決定打であるとしている。

MCCでは、グループ内の取引でも、そのような品質とコスト削減を生産部門単協に要請するのだ、ということである。自主、自立、自由というモンドラゴンの文化の現れであろう。それが各単協の発展の原動力の一つでもあるとも推察できる。わが国の非営利・協同の分野でも大いに学ぶべき点ではないだろうか。

(4)　規模拡大と民主的運営

　MCCは、相当数の教育の協同組合が離脱したにも拘わらず、この十年強でほぼ倍近い労働者数になっている。現在の到達点では、その労働者数の規模は42,000人を超える規模となっている。もちろん、この労働者数には協同組合員ではない労働者も含まれているものと推定されるが、それにしても巨大な企業体へ成長してきた。
　かつて取材したときに、一単協の規模を500人程度と考えている旨の説明を受けた。その理由は、それ以上の規模では民主的参加と運営をはかる上で、手間暇がかかりすぎて協同組合の理念の貫徹適用が困難となりうる、ということであった。
　現状では単協は単純平均して当該規模以下ではあるが、グループ全体の規模は10年前とは比較にならないぐらい大きくなりつつある。この点で、全体として大規模化しつつあるMCCが、従前のトップマネジメントの質と量では不十分となり得ることを示しており、同時に一人一人の協同組合員がかつての中小規模であった時代に十分に認識理解したであろう創造的参加と民主的運営という重要命題が薄まりはしないか、一抹の危惧も抱く人々も少なくはないかもしれない。
　しかし、モンドラゴン協同組合原則に集約される「労働」の「協同」化の理念、「協同労働協同組合」の考え方は、そう簡単には崩れないであろうことも、この間のMCCの歴史は物語ってもいる。まさしく興味果てない「非営利・協同」がそこにある。

(5)　市場経済の中の非営利・協同

ECがドイツを中核としながらその勢力を統合強化しつつある。欧米資本とアメリカの巨大資本との競争の激化はスペインを放置してはおかないであろう。
　この市場経済の荒波の中で異境の地バスクで生まれ育まれてきたモンドラゴン協同組合複合体＝MCCは、果たして従前の勢いを維持することが可能であろうか。
　生産における非営利・協同の組織たる協同組合事業分野では、西欧の試みはほとんど成功していないとされている。西欧の消費生協の世界でも大規模化と資金調達課題から、市場経済の荒波の中でほとんど消費生協を消滅しきっている。MCCの実践はこれらの命題の果敢なる挑戦とも言えよう。営利企業が過酷な市場競争と熾烈な価格競争でしのぎを削るフィールドにおいて、非営利の組織がその位置を引き続き確保発展させていくことは決して容易ではない。
　しかし、筆者の観るところ、バスクモンドラゴン・MCCの強さは、次の点であり、他の非営利・協同の実践にほとんど見られない優点と言える。この強さ・優点が維持される限り、MCCに決定的な敗北が突然訪れるような事態は現出しないであろうことも、筆者は予感している。もちろん、それぞれの優点が優点として維持発展されていることが前提となることは言うまでもない。
　①協同組合思想で武装した労働者の集団
　②民主、公平、連帯の報酬配分原理
　③異業種多数の協同組合グループ
　④金融協同組合を背景としての豊富なキャッシュフロー
　⑤新技術開発等を推進する研究機関の存在
　⑥人と労働者の教育への取組
　⑦法制、税制の優遇制度

3、労働者協同組合員への配分……労働の評価

(1) 年俸

　MCCでは、労働者協同組合員は「出資者」であり、「経営参加者」であり、「労働者」である。したがって、自分たちの給料は「賃金」とは言わない。所得とか報酬とか呼ばれているが、「労働に対する評価と配分」として理解されている。
　MCCの報酬評価システムは、日本で活用されている「職務・職能給」制度と似た評価システムであるが、「似て非なる」ものである。日本のそれの評価要素は多くても20要素程度であるが、MCCの評価要素数は桁が違い、200を超える要素数として設定してある。それぞれの要素毎で相対ポイント評価をされ、一協同組合員労働者が一つの職務に就くとその年のポイントが算定される。その合計が単協の総合計配分ポイントとなる。
　簡便的に言えば、労働者協同組合員への「配分前予算剰余」を単協の総合計ポイントで除して1ポイント当たりの分配金額を算定する。その1ポイント当たりの金額を各人の持ちポイントに乗ずれば、各人の予算配分年俸が算定される仕組みであると推定している。
　当然に、この相対ポイントや要素についても、民主的参加の組織運営の中で決定されることであるから、極端な評価不満を生じることはないという。もし不満を抱く構成員がいれば「組合員協議会（コンセホ・ソシアル）」に訴えることとなる。企業内労働組合をもっていないMCC各単協では、この機関が事実上の労働組合的機能を果たすこととなる。当該機関は当然に、単協組織のラインの外側に設定されている。MCCの報酬評価配分の原則的な方法は現段階も継続しているものと推察した。

(2) 1対6原則

協同組合員の初任給と協同組合幹部等最高報酬取得者の報酬金額比は、かつては有名な「１対３の原則」であった。初任給１に対して最高報酬は３ということであり、さしずめ、わが国で言えば、初任給350万円程度の３倍即ち約１千万円前後が最高報酬年俸ということと同意義である。
　モンドラゴン協同組合群で30年間ほど続いたこの「１対３原則」を、80年代半ばで「１対６原則」程度まで拡大改訂している。その理由は、研究労働者や高度の技術労働者等のテクノクラートの確保養成のためであると説明されていた。
　今回の取材で、再度尋ねてみた。わが国風に考えれば、恐らくこの報酬限度枠拡大は単協幹部役員らに一様に適用されているであろうことを想定しての質問である。案に相違して、答えは否であった。即ち、この拡大枠はいまだに技術職を中心としての狭い適用であり、単協理事らの幹部でも相変わらず初任給の３、４倍程度にしか過ぎないと説明された。モンドラゴン協同組合原則の一つである、「報酬の連帯・公正」の精神は絶えてはいないということを理解した一瞬であった。
　なお、初任給は単協の展開する地域の一般初任給よりも幾分高めに設定されているものと推定している。従って、最低所得金額と通常最高所得金額との開きは「１対３」ほどはないことを意味している。これらのＭＣＣの実践は「人材の確保」という視点と一般賃金水準における他企業への「啓蒙」の取組みと観ている。

(3)　単協間連帯……最低報酬連帯保障

　モンドラゴンで、不振単協の低報酬への連帯的支援を実行しているという課題は前回の取材で聴いたことであるが、今回の取材でもその実証を試みる時間がなく、その方法等の具体的内容までは確認されていない。次回の取材課題としている。
　ＭＣＣの各単協間の経営の格差は厳に存在しており、全単協が均等

に発展しているわけではない。当然に各労働者協同組合員の報酬の単協間格差も生ずることとなる。経営の不振状態が継続して極端に報酬配分の低い単協が生ずることがあるのである。

　日本では一企業の労働者の低賃金を他の仲間的企業群が支えるなどの事態が現出することは、まず有り得ない。しかしＭＣＣ内部では、当該不振単協の地域での最低賃金水準程度は、連帯して支援する取組みを実行している。頻繁には無いようであるが、課税後の剰余金の配当処分後の資金から支援資金を捻出しているものと推定している。詳細は未確認である。それなりに厳しい経営環境からすれば現在も同様の取組みが継続されていると見ている。

　かといって、経営不振単協を長く放置しているわけではない。単協の破綻と清算があり得るのもＭＣＣの特徴である。この実践は、全体へのマイナス影響度が余りにも酷くならないうちに整理を決断することも必要なことを教示している。

　非営利・協同の分野では、開いている傷口に気づかないまま、じわじわ出血継続して、突然パタッと倒れる例があるが、その時は手の施しようがない場合が多い。なにゆえの違いであろうか。

　さらに、今回の取材でもＭＣＣ幹部は次のように豪語していた。「この間も、労働者を解雇したり切り捨てたりしたことは一度たりともない」とのことである。

　即ち破綻清算する単協の労働者協同組合員らは別の単強に転籍させているということを意味している。但し全員が直ちに転職可能なわけではなく、再教育ないし技術研修・訓練等を施した後に配属させていく方法をも採用し、当然にそのような教育機関や制度を有しているのがＭＣＣの特色と強みである。いずれも「労働」と「協同組合員労働者」への強い認識理解が底流にあると観れよう。

　スペインでは二桁の失業率が指摘されており、バスクもまた低いものの例外ではない。次に述べる多額の出資金を必要としても、労働者の採用では多数の応募があり得るとしており、だからこそ現に働いてきた協同組合員労働者の処遇をＭＣＣ全体として支援する取組を実行

しているのである。

(4) 出資配当……事実上の退職金

　MCCの労働者協同組合員は、概ね一人当たりの出資金額として、140から150万ペセタを拠出する制度となっている。つまり、協同組合員労働者として参加するときに、日本円で約100万円強の資金を出資金として拠出しないと就職できないということを意味している。1,000人の労働者数ならば10億円の出資金総額となることと同様である。
　MCCの幹部は、厳しい失業率のために、多額の出資金制度を前にしても新人募集をかければ門前市を成すであろうことを仄めかせていた。
　さて、この出資金は単協内では一律であり、高い者や低い人が存在するわけではなく、また一括で支払えない労働者には、積立ないし分割払いの制度も創設されている。
　出資金については、「剰余金の配当」が付けられる。所属する協同組合からの脱退時に、即ち退職時に償還される。これに関連して次のような、日本と比してユニークな事柄が幾つかあった。ユニークというより、日本では考えられない制度である。非営利・協同の具体化はそれほど奥が深いということであろうか。
　一つは、「インフレ利益の還元」である。欧米諸国の中では後進国だったスペインではインフレが激しい時期があり、貨幣価値が年率で相当下落する時もあった。それらの経済実態を踏まえて、いわば「インフレ会計」を実施しているのである。今風に言うと「時価会計」である。もっとも、バブル破綻経済の日本で言うならば、インフレ利益というよりも、「含み損掃出会計」と言うべきかもしれない。
　要するに、公の物価指数を不動産帳簿価額に乗じて不動産の時価修正処理を施し、評価差益たる当該インフレ利益は自己資本の部に「再評価積立金」として計上し、計上後5年間が経過した後は、各協同組

合員出資者個人別口座に配当配分することができるという仕組みである。

いわば退職時に「出資金額面金額＋インフレ配当＋通常配当」を交付されるという誠に合理的な配分償還を受けることのできる制度である。当然に法制、税制等の支えを必要とすることは言うまでもない。

二番目のユニークな制度であるが、従来は、拠出した出資金等は退職時に払戻を実施することが原則であったが、90年代後半の運用改訂で、退職前でも一定割合までは出資金額等の一部償還を受けることができる制度が創設されているという点である。

この制度は後述する「自己資本構成」の議論とも関連するが、法定積立金や税金負担等の金額を確保した後の剰余金について、出資金口座への一定の配当金を控除しても剰余金に残額があるときは、「協同組合資本」即ち個人口座に付けない資本の積立ができる、という制度と抱き合わせで創設された仕組みである。

ここで言う「協同組合資本」とは筆者が勝手に付けた概念であり、協同組合員個人口座資本とは区別される「自己資本部分」を意味している。いわば顔の見えない自己資本部分であり、単協自身の資本と言える。不分割資本と言えるかもしれない。

第三に、例えばわが国で想定すれば、「6％配当」を実施するとした場合、150万ペセタの一律出資金であれば、単協の全協同組合員に9万ペセタの配当金が口座加算されることとなる。しかし、MCCの配当内容はそれとは相違するものと見ている。見ている、というのは具体的に確認検証し切れていないからである。これも今後の研究・取材の課題と考えている。

MCCの協同組合原則にある「資本に対する労働の優越性」という不思議な原則に関連しているのである。単に9万ペセタを一律に配当するのでは、「労働は資本に優越する」などを意味しないこととなる。

MCCでは、単協の剰余総額に対する出資配当の割合を決めた場合、その個人別への配当は「労働に対する評価」を基礎として配当格差を付けているものと推察している。

その算定基礎は先に述べた「報酬のポイント評価」にあるものと推定している。それこそが、「資本に対する労働の優越性」の一つの具現化の取組みと筆者は考えている。87年の最初の取材時から頭にこびりついて離れない課題を前節の石塚氏のアドヴァイスに従って、このように整理して考えてみた。筆者の正確な認識かどうかは今後の取材を待ちたい。なお、剰余金の配分政策と内容等については、次章の労働金庫の個所を参照されたい。

4、ミレニアム・モンドラゴン

　10年ぶりに相見えたモンドラゴンの山々や、山間にひっそり佇む修道院等は何ら変わってはいなかった。
　しかし、より道路は整備され、高層建物が建築され、修道院には若き修行僧は一人も入坊しないと言う。モンドラゴンの町並みは少しずつ近代化されつつあるが、古き建物や施設を大切にする点では、日本は比較にならない。
　ＭＣＣ単協のＩＳＯ基準の取得も増加しつつあるとの説明を受けたが、バスク地域での先進であり、市場での差別化目的と共に、率先しての範を示しているものとも推察した。
　またおそらく長年の懸案であったと思われるが、技術学校機関が大学へ認定昇格されたこともＭＣＣの発展段階を示している。モンドラゴン大学は今のところ少数科大学であるが、引き続き優秀な人材を送り出す機関として継続発展するものと見込まれる。
　モンドラゴン協同組合＝ＭＣＣの特色はそれ自身、非営利・協同の世界に様々な思いを生起せしめている。他にはない優点が、非営利・協同の組織と事業に大いなる議論を提起せしめている。
　世紀の変わり目で、ＭＣＣは、規模拡大と利益管理の強化でミレニアムを迎えようとしている。創立者とも言うべき神父は、「利益が大切である」と終始説いていたという。フランコの独裁で荒廃した街々

を見つつ、せっかく旗揚げした5人の弟子達の事業と組織を失敗させてはならじ、との強い決意の現れか、読書好きの神父が読んだ経営論などの書物からヒントを得たのかは定かではないが、「とにかく、赤字ではいけない」、という命題は我が日本の非営利・協同の事業体にも充分過ぎるくらい通用する課題である。

　同時に、MCCでは古い時代から経営や会計の情報の公開にきわめて積極的な取組みを実行してきたことも特筆すべき事柄であり、今回の取材で頂いた資料でも各単協等のアニュアルリポート（年次報告書）は、より分かりやすくカラフルかつビジュアルなものとして編集されていることを実感した。公認会計士制度がスペイン国内になかった時代から現在まで、MCCの主要な単協はアメリカの大監査法人の監査を受けて情報公開する取組みを実践して来た。スペインの法制では会計監査人は同一関与先に最大7年間しか従事できないことから、10年前の監査法人はそれぞれの単協で交代していることも今回確認した。

　MCC内部向けには、LKSの監査指導機能を充実させ、対外的には米国会計士集団の厳しいチェックを受けていることをアピールしている。そのことは、多数の異業種単協を包括し、海外取引も増加してきたMCCの必然性と言えばその通りであるが、より根底には組織の信頼性を確保し、民主的参加の取組みを強化発展させる思想が根深くある、ものと言えるのではないだろうか。

　わが国の非営利・協同の事業体や組織で、古い時代からそのような取組みを行ってきた例はきわめて少なく、その活用もまだまだ不十分と見ている。

　民主的参加と運営には、「情報公開」即ちディスクローズが必要であることは観念的には理解されていても、実践的には21世紀に期待しなければならない状況がわが国の実態ではないだろうか。決算日後1月以内に監査報告書が作成され、立派なアニュアルリポートが公開されているMCCの実践は大いに評価されるところである。

　経営の規模と労働者集団の規模を拡大するMCCは、激しい市場経

済の中で分配と単協利益の課題を含めて前進を図っていけるか、はたまたどのように図っていくのか、ともどもに興味尽きない研究・取材対象であることだけは、間違いがない。ＭＣＣの健闘を祈りたい。

第3節 モンドラゴンと労働の協同化

二上　護

1、はじめに

　モンドラゴン協同組合グループ（MCC）は、一般企業のように労働者が資本家に雇われて働くという形態ではなく、労働者自らが出資して企業をつくり、協同して労働し、社会の変革を目指して活動するという壮大な運動を展開している。スペインはバスクにある。
　この理想に燃えた創造的実験を知り、1987年9月、初めて現地を訪問し、続いて89年4月、再度訪問する機会を得た。
　法律家の私としては、どのような制度のもとで、このような実践が可能であるかに深い興味をもった。スペイン語は知らないが、MCCの研究家である石塚秀雄氏がスペイン協同組合法の翻訳を担当しその作業をわずかに手伝わせていただき、その翻訳文を読んで、スペイン協同組合法の特徴と概要についての解説を試みた。それは、「協同組合の拓く社会」（1988年みんけん出版）に収録されている。
　それから10年、99年秋の現地取材に同行した。3日間の取材ではあったが、三度目の現地訪問で、この間のMCCの変化の様子を垣間見た。旧知のホセ・ラモン氏らに出会えたのには感激したが、初めてモンドラゴンを訪問し新鮮な驚きをみせる多くの参加者に対して、このとき私は何となく醒めた目で現地の様子を見がちであったことは否めない。
　そこでこの報告は、利潤追求を至上の価値とする市場経済と民間営利企業としてではなく、労働の尊厳を第一とした社会と企業とはどのようなものであるのか、そこでは今日どのような問題が生起している

のかについて、私が知り得たことを整理して報告したい。

　じつは、この10年余の間、モンドラゴン協同組合群の取材を皮切りに、1988年6月には、ユーゴスラヴィアのベオグラードと、クロアチアのザグレブを訪れ、当時のユーゴの「自主管理企業」を取材見学する機会も与えていただいた。

　協同組合など非営利企業での「協同労働」を考えるときに、旧ユーゴスラヴィアの自主管理企業は、その典型的なものとして考察に値すると考えている。1988年当時、ユーゴの自主管理企業は、その組織形態と運用自身が大きな曲がり角にさしかかっており、それがどのように変化発展するかは、誠に興味深い問題であったが、この間の激しい民族紛争の激化のために、国家と社会と経済はズタズタとなり、自主管理企業の実験は挫折を余儀なくされている。

　しかし、「協同労働」の在り方等を模索するわれわれにとって、旧ユーゴにおける経験の貴重さは少しも失われることはないのであり、当時の自主管理企業調査団の報告書により、まず、ユーゴの自主管理企業の概要と問題点を簡単に述べ、次にモンドラゴンの制度とこの間の変化発展の印象について述べることとする。

2、旧ユーゴの自主管理企業とその問題点

　旧ユーゴスラヴィアの経済制度の中核をなした自主管理企業の組織はおおよそ次のようなものである。

　自主管理企業の全労働者が投票により労働者代表としての「労働者評議会」の代議員メンバーを選び、この労働者評議会が企業の最高決議機関となる。もちろん30人以下の企業は代議制度ではなく直接民主主義的な総会制度で運営している。

　「労働者評議会」は当該メンバーの互選により、「経営委員会」のメンバーを選出し、さらに企業の社長たる「企業長」を公募して任命する。赤字継続の自主管理企業では企業長への応募が無く、代行制度で

維持している企業もあった。

　企業長は、経営委員会の助言をえて日常の経営について責任を負うが、生産、投資計画、所得分配などの企業運営の基本方針については「労働者評議会」への報告と承認を得なければならず、さらに、企業の定款の決定や他企業との合併などの企業のあり方そのものにかかわる重要な基本事項は、全従業員の「労働者集会」や「レフェレンダム（全員投票）」にかけられなければならない。

　自主管理企業は、このようなシステムを通じて、全従業員が自主的にかつ民主的に管理運営する企業である。明らかに資本主義の営利企業制度とは根本的に相違するものと言える。

　旧ユーゴでは、生産手段は「社会有（私有ではなく、国有でもない。）」であるとされており、労働者が他の労働者と「協同して」社会有の生産手段を用いて労働することを「連合労働」と呼んでいる。この「社会有」と「連合労働」の思想は、ユーゴスラヴィア社会主義の基本的な考え方であり、他の東ヨーロッパや旧ソ連型の思想と仕組みとは大きく相違しているところである。

　この連合労働を担う最小の単位は、「連合労働基礎組織」と呼ばれ、労働の成果を評価することができる組織単位であり、協同労働の単位である。いくつかの連合労働基礎組織が自主管理協定を結んで形成する組織が「労働組織」であり、われわれのいう企業である。

　複数の労働組織すなわち企業が連合して「複合連合労働組織」をつくり、巨大自主管理企業となる。

　さて、旧ユーゴでは、ソ連型の計画経済に対し、この自主管理企業が自由で活気ある経済活動を展開して発展してきたが、1970年代以降の世界経済の変化を受けて、米欧資本主義国の余剰資金の環流による対外債務の増加、持続するインフレ、増大する失業率などの困難な問題が発生し、ユーゴの経済運営と企業組織の在り方の見直し議論が始まっていた。

　その基本的な問題は、自主管理企業とそれに基づく経済制度で、「民主制の原則」と「集中制の原則」をどのように調和するかであっ

た。これを自主管理企業の内部でみると、個々の連合労働基礎組織における民主制の保障と、企業全体に責任をもつ企業長等経営委員会の権限をどのように調整するかという問題を意味していた。

このために、ユーゴでは国を挙げて「憲法」とそれに基づく「連合労働法」の改正が議論されており、自主管理企業の基本的仕組みを継承しつつ、当該企業長の権限と責任をより明確にし弾力的経営運営を図れるようにするなどの措置が検討されていた。その状況についての当時のインタビューをいくつか紹介してみよう。

当時われわれが取材に訪れたユーゴスラヴィア労働組合総同盟は、旧ユーゴにおける唯一の労働組合の全国組織であったが、その広報センター所長ルビシァ・タートビッチ氏は、レフェレンダム（全員投票）といった大規模な決定方式により企業運営に非効率性が生まれている、その決定事項の一部を労働者評議会に委ねるべきで、同時に企業管理者の権限を強化し、例えば経済的、戦略的問題の決定を企業長側に移そうと企図している、と語った。

自主管理企業「ヤンコ・リシャック」はベオグラードにある水道、冷暖房設備などの製造組立を行っている労働者数2,500人の大企業で、7つの連合労働組織からなっている。そこの人事・法務部長であるラス・ラプチェビッチ氏は、「社会的所有」という意味が曖昧であり、自主管理企業の財産は共有財産であるという意識は支配的であるものの、労働者自身のものではないことから労働生産性において弱点があり、労働意欲の低下がみられる。例えば労働者の通勤バスの保有台数を増やしたいと思っても、多くの法的規制がある上に、労働者の中からは社内バスを購入しないでその資金を労働者に分配せよという声も出てくる。自主管理企業の所有の性格や制度をもっと明確にすれば、かなりの問題が解決できうる、と語っていた。

クロアチアのザグレブでは、1万人の労働者を擁する巨大建設企業たる自主管理企業「インドゥストロ・グラーニャ」でも同様の意見を聞かされた。ザグレブの150人の自主管理企業「グラジェビナ」は歴史的建造物の修理・保存という専門性の高い仕事をしているが、その

企業長ミラン・ペトリッチ氏は、一般には企業長の権限が限定されているわりに責任が重いので敬遠される傾向にあるが、経営における自由の幅は大きく、かなりのことができると思う、と語った。しかし労働関係にたいする法的規制は厳しく、働かない労働者をやめさせることもできない。自主管理企業では従業員の労働意欲の問題がもっとも重要であり、労働に対する所得の面からの刺激をもっと考慮すべきだ、と語った。因みに、旧ユーゴの自主管理企業においては、合理化のための労働者解雇は禁止さていた。当該企業が欠損を出し続けて倒産し、整理となることはあり、そのときには失業が発生はする。それでもその倒産企業の生産手段等は社会有であることから、その清算や労働者の雇用確保等では地域社会が相当程度のコミットを行うのである。その点では市場経済の暴力的解体等は回避される仕組みである。

　また、旧ユーゴにおいては、自主管理企業だけでなく、自営業、契約連合労働組織（資金・機械の所有者が労働者と契約して企業体をつくり、みずからが企業長となって経営する組織）、小経営の事業共同体、手工業者などの協同組合も存在していた。

　われわれが取材した当時の88年頃、旧ユーゴでは以上のような声を受けて、連合労働法を廃止し、市場経済への対応力を強化するため、企業長の権限を拡大する「企業法」が準備されていた。

　このように、旧ユーゴの自主管理企業においては、自主管理企業の意思決定に対して労働者の有する権利と、企業長の経営運営権限をどう調和させるかが、大きな課題であったが、これは、非営利の事業体における「協同労働」を考えるうえでの基本的な問題であり続けるであろうことは疑いがない。

　さらに、権限とは表裏の問題であるが、「自主管理の責任」についても深刻な問題が指摘されていた。企業長の責任、労働者評議会のメンバーの責任、経営委員会のメンバーの責任、生産現場における労働者の責任などである。

　所得分配の方法とその制度も大きな問題であった。産業別モデルにしたがって分配する企業、自主管理協約によって規則を作っている企

業、職務・職能分析を厳密に行おうとしている企業、基本給に加えて刺激部分（労働成果に応じた部分）を大きくしている企業などさまざまであり、決定方法も、全員投票で決める企業、労働者評議会で決定する企業もあった。

また自主管理企業における労働組合の役割、その性格、機能についても多くの意見があり、経済危機の深刻化する過程で、労働組合の役割に対する批判的意見もあると聞いた。旧ユーゴの自主管理制度の困難は、その制度そのものの本質的要因によるものとともに、国民経済レベルにおける経済危機の反映によるものがあると思われた。

しかし、深い困難のなかで出されていたこれらの意見は、自主管理制度の運用を改革するための意見であり、自主管理制度そのものを否定する意見ではないものと理解された。世界的にみると、旧ユーゴの自主管理制度を高く評価する意見は少ないようであるが、「協同労働」を考える上においては、貴重な経験を提供していると思われる。

3、自主管理企業の労働と協同労働の思想

アリスメンディアリエタ神父は、モンドラゴンの協同組合事業組織を構想するについて、このユーゴスラヴィアの自主管理組織から学んだと言われている。

1989年、二度目に訪問した際に、当時イカスビデ（幹部職員の教育研修センター、現オタロラ）所長であったララニャーガ氏は、具体的にはどのような影響を受けたかという質問に対し、次のように説明している。

1940年代から50年代にかけて、ビットリアのセミナリオにアルベッティ司祭という人がいて、自主管理方式の利点を謄写版刷りで発表した。当時はフランコ時代なので、この種の出版は禁止されていたが、アリスメンディアリエタ神父がこれを密かに読んで刺激を受け、新しい構想を発展させたのである。

職業訓練学校創設当初から、「労働の尊厳性」を強調し、労働者が主人公となりうる企業経営とそれを基盤とする社会変革を説いていたアリエタ神父が、「連合労働」を中核の概念とするユーゴの自主管理企業の思想と組織と仕組みに大きな刺激を受けたであろうことは容易に理解できる。

　ところで、モンドラゴン協同組合単協の基本的な組織は、総会、理事会、企業長で構成されている。

　総会は、一人一票制の全労働者協同組合員による集会で、組合の最高決議機関である。理事会は総会が選出する代議員理事で構成され、日常の政策決定の最高機関であり、企業長は理事会により任命され、日常の業務執行に責任をもつ。

　この組織形態は、自主管理企業の「労働者評議会」が協同組合の総会に相当し、自主管理企業の「経営委員会」が協同組合の理事会であり、任命方法は異なるが、企業長の機能は同一である点において類似していると言える。

　戦後において成立発展したモンドラゴン協同組合の経験は、1982年成立の「バスク協同組合法」に大きな影響を与え、現行のスペイン協同組合法（1987年公布）は、バスク協同組合法の影響を顕著に受けて作られている。

　このように見てくると、ユーゴスラヴィアの自主管理企業の連合労働と自主管理企業の思想は、相当にモンドラゴン協同組合の協同労働の考え方に影響を与えたのではないかと推察される。しかし、この両者は、生産手段の所有形態と資本の考え方において決定的な違いがあることが指摘できるし、当然でもある。

　旧ユーゴにおいては、出資、資本の考え方はなく、生産手段は「社会有」であるとされており、一部ではそのあいまいさが企業活動にマイナスの作用を及ぼしていると認識されていたことはすでに述べた。「社会有」の社会は、国家という大きな概念ではなく、従って国有ということではない。その意義は「地域社会有」というべきもので、彼らの言葉では「コンミューン社会有」という。

一方、スペイン協同組合法においては、協同組合の資産は協同組合の「私的所有」であり、協同組合は組合としての資本金（出資金）を有し、労働者が協同組合の組合員となるためには、定められている最低の義務的出資金を払い込まねばならず、更に任意出資金を払い込むことができ、それらは協同組合の資本となる。この点では日本や世界の協同組合の仕組みとは相違している。生協に就職するのに出資金が必要だとはされてはいないのである。モンドラゴン協同組合のユニークさの最たるものである。

4、協同労働協同組合

「協同」を考えていこうとしている私たちにとって、モンドラゴンの「協同労働協同組合」とはどういうものであるかはきわめて興味深い問題である。実は協同労働協同組合はスペインの協同組合法に規定されていることから、この問題に迫るについては、面倒くさい法律の条文から検討を始めることとならざるを得ず、この点をお許しいただきたい。

スペイン協同組合法は、その中で協同組合の種類を規定しているが、その第一に、「協同労働協同組合」をあげている。「協同労働協同組合」とは、日本では聞かれない言葉である。スペイン協同組合法では、これを次のように定義している。（第118条）
「協同労働協同組合は、法的能力を有する個人が協同し、協同組合活動発展のために労働の提供を行い、組合員に対し職務を提供調整し、共同の富及び第三者へのサービスを創り出すことを目的とする。」

すなわち、協同労働協同組合は、組合員が協同して労働し、協同組合は職務を提供し、協同労働によって共同の富とサービスを創り出すことを直接の目的とする組織である。この組織の最大の価値が、「協同して労働する」ことに置かれていることは、法の定義そのものによっても直ちに理解することができよう。

しかし、このように、協同して労働することを直接の目的とする協同組合が第一に規定されている理由は、法律の条文だけを読んでも理解に苦しむばかりかもしれない。

モンドラゴン協同組合において、アリスメンディアリエタ神父が1943年以来、「労働の尊厳性」を強調し、労働者が主人公となる企業経営とそれを基盤とする社会変革を説いたことを思い起こすとき、この規定の意義はきわめて明瞭となるのである。

1987年当時のMCC理事会議長のオルマエチェアは、「モンドラゴン協同組合の実験を規定する基本的な特質は「労働の協同化」である。これこそ私たちのグループが世界の協同組合運動にもたらしている基本的な要素である」と述べている。(MCCの機関誌ランキデ1987年5月号)

この「労働の協同化」とは、モンドラゴン協同組合基本原則の第三に述べられている、「労働が自然、社会、人間を変革する基本的な要素である」とする認識と、「労働の尊厳」または、「労働主権」、「労働の優越」という思想を基盤とするものであろう。

非営利・協同のセクター論で著名な富沢賢治教授は、「この労働についての認識が、協同組合基本原則の十の原則の思想的根源をなしていると言っても過言ではなかろう」と述べている。(経済研究40巻2号)「協同労働協同組合」こそ、まさにこの思想を体現する企業の組織形態であることが理解される。

私たちは、現に資本が労働を用いる社会に生きており、巨大資本が国家と社会を支配し、労働者はその資本の利潤を高めるために働かされ、賃金を得て生活の糧としている。市場経済の大義名分の名の下で、労働の疎外は私たちにとってはありふれた光景と化している。

このような現実社会において、「労働こそ、自然と社会と人間を変革する基本的な要素である」という思想は、あらためて、きわめて新鮮なものとして私たちに迫ってくる。

5、モンドラゴン協同組合基本原則

　この労働の尊厳を思想の中核にすえて形成されたＭＣＣとはどのようなものか、どのようなものであろうとしているのかを知るには、詳しくは法律と定款を検討すべきであるが、それよりも、モンドラゴン協同組合基本原則を見るのが分かりやすい。
　すでにいくつもの書物で解説されているが、私の理解するところ、その要点は次の通りである。
　第１原則は、「自由加入」についてである。モンドラゴン協同組合は、すべての人に開かれており、労働能力に応じて職務を保障することが規定され、差別を禁止し、自由加入は協同組合の発展のための組合員の活動と人間関係の本質的な原則であることが強調されている。もとより思想信条も様々な労働者がＭＣＣにいる。
　第２原則は、協同組合の「民主的な組織」の原則について述べている。とりわけ、組合員が基本的に公平平等であることを宣言し、組合員の資格、所有する権利、知る権利を尊重することが強調されており、民主的な組織の原則が定められている。一人一票原則、出資金の均等拠出原則など、この原則から派生する仕組みは数多く存している。
　第３原則は「労働主権」について述べているが、その全文を紹介してみよう。
　「モンドラゴン協同組合は、労働が自然と社会と人間を変革する基本的な要素と考え、以下のとおり行う。
(a)賃金労働者の系統的雇用をしない。
(b)協同組合企業の組織においては労働に完全な主権を付与する。
(c)生産された富の分配においては、その基本的な取得権は労働に存する。
(d)協同組合の全構成員に対し、労働を選択する自由の拡大をめざす」
　翻訳文であるので分かりにくい言い回しとなっているが、第１に、協同組合においても、実際の必要性から賃金労働者を雇用することは

ありうるが、系統的なあるいは組織的な雇用はしないことが宣言されている。協同組合定款により雇用労働者の採用人数枠は組合員数の10％以下とされている。（その後に30％枠まで拡大改訂された。）

「労働に完全な主権を付与する」とは、協同組合企業はさまざまな要素から成り立っているが、その中で、労働を最高の要素として位置づけるということである。その思想は、生産された富の分配においても、基本的には労働に応じた分配をすることに具体化されている。

労働を選択する自由の拡大をめざすというのは、分業の固定化を避け、労働を選択する余地を常に拡大し、労働の疎外を克服しようとするものである。

第4原則は、「資本の手段・従属性」についてである。モンドラゴン協同組合は、資本を企業の展開のために必要な手段、労働に従属する手段と位置づけていることを述べ、その実現のため、出資金にたいする利子を報酬と規定して、その利子率（配当）を制限する原則について規定している。株式会社と違い協同組合においては、出資金に対する配当を制限するのは一般的である。さらに前節で指摘されているとおり、単に利率での配当のみを実施しているわけではなく、独自の取組を実行している。

第5原則は、「管理運営への参加」についてである。協同組合の管理は、組合員に依拠し、自主管理をすすめ、企業の管理運営に組合員の幅ひろい参加を促進するものとし、その具体的方策、情報の公開、組合員の育成、教育、内部昇進制度の確立を求めている。

第6原則は「報酬の連帯性」についてである。報酬とはすなわち「賃金」のことであり、その報酬は、協同組合の実情に応じた適切で十分な報酬であるべきこと、協同組合の内部において連帯性を実現しうるものであるとともに、地域社会との連帯性を重視して決定されるべきであり、すなわち地域社会の賃金労働者に対するのと同一の報酬基準（地域の賃金水準が適切な場合について）に基づき具体化されるべきである、としている。

第7原則は、「協同組合間の相互協同」についてである。モンドラ

ゴン協同組合は、個別の協同組合の間においては、基本的には同質の社会体制の実現をめざし、「損益の協同化」をすすめ、組合員の異動を制度化し、グループを設立して協同をすすめ、また上部組織すなわち第2次協同組合（同種または異なる種類の協同組合が組合員となって設立する協同組合である。）を設立して協同組合のシステムを構築することをめざしている。こうして、複合的な企業組織がつくられている。

さらにモンドラゴン協同組合は、バスク地方の他の協同組合と協同組合運動の強化のために協同して活動し、スペイン、ヨーロッパ、世界の協同組合との相互協同をすすめる、としている。いわば連帯原則である。

第8原則は、「社会変革」についてである。モンドラゴン協同組合は、人民と連帯して、社会変革を行うことを決意し、バスク地方において活動し、経済・社会の再建及び自由・公正・連帯のバスク共同体の構築をめざし、協同を拡大するために、新規雇用の拡大、社会事業、社会保障政策、他団体との協同、バスク語とバスク文化の発展のために活動する、としている。この点で教育振興基金の活用等も具体的かつ優れた実行をしている。

第9原則は、「国際性」についてであり、モンドラゴン協同組合は、その国際的使命を自覚し、国際的な協同組合運動の平和、公正、発展を目的とし、「経済社会」の分野で経済民主主義により活動する全ての者と連帯することを宣言している。

第10原則は、「組合員の教育」についての規定であり、特に、協同組合の各機関に選出された者と共同して教育をすすめること、専門職と青年の教育が重視されている。

1987年10月に決定された、この「モンドラゴン協同組合原則」は、モンドラゴン協同組合グループの理想をあますところなく表しており、協同組合の定款は現実にこの基本原則の下に制定改革され、協同組合の組織もそれを基礎としてつくられている。

この基本原則は、その前文において、世界的な協同組合原則と国際

協同組合同盟（ICA）で採択された協同組合原則をふまえるとともに、モンドラゴンにおいて30年以上にわたって蓄積された協同組合企業の実践経験をふまえて制定されたものであるが、同時に客観的状況の変化に対応し、将来の協同組合の発展のために、この原則を柔軟に適用していくことを確認している。

6、協同組合の組織の拡大と変化

「協同して労働する」ことを思想的な中心として組織されたMCCは、90年代の10年を経て、大きく発展、成長したと映る。

　MCC本部で受けた説明によると、1998年度の売上高は、金融部門が5,131億ペセタ、産業部門が3,914億ペセタ、物流部門が4,982億ペセタにのぼる。

　産業部門の売上高で成長の度合いをみると、次の通りである。

　20年前と比較すればその売上規模はおよそ、10倍強である。特に、この5年間は倍増であり、輸出の割合も増加している。93年は31％の輸出構成比であったが、98年は47％となっている。

　売上高の増加を物流部門即ち消費生協グループについてみると、1678年は僅か50億ペセタであったが、83年は245億ペセタ、88年は494億ペセタ、93年は2,436億ペセタ、そして98年は4,982億ペセタにのぼっており、20年間の売上増加は100倍に達している。

　われわれが訪問した10年前には、折から迎えていたECへの加入により、産業部門、物流部門ともどのようになるか懸念されたが、産業部門は競争力を維持発展させ、物流部門は、関税障壁がなくなったことが売上増等に貢献したのであった。

　この発展の要因については、今回の取材では詳しい説明を受けることはできなかったが、MCCのグループ全体の協同組合連合会議と理事会を設置し、企業的統合として結束力を強めたこと、競争力に応じて協同組合企業の再編をすすめ、輸出に力を入れ、外国での活動を活

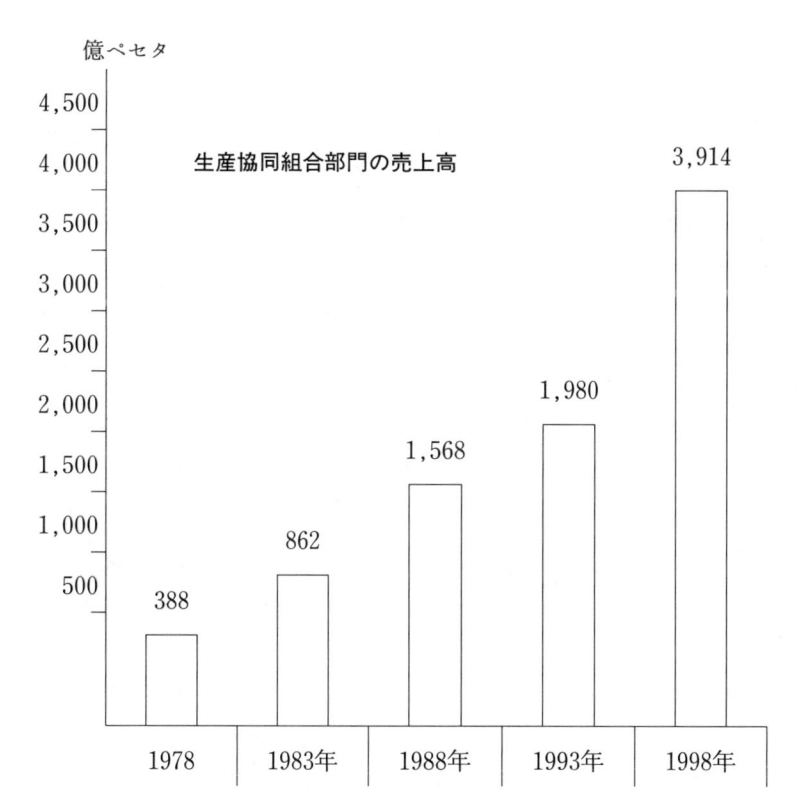

第1章　非営利協同の生成と仕組み

億ペセタ

生産協同組合部門の売上高

- 1978年：388
- 1983年：862
- 1988年：1,568
- 1993年：1,980
- 1998年：3,914

発化したこと、エロスキの他法人との提携、民間企業買収等再編による規模の拡大などが指摘されているようである。それらの詳しい様子は石塚秀雄氏らの報告を参照されたい。

　ＭＣＣの発展とともに、グループ全体の労働者数も急激に増大している。1986年における労働者数は2万人弱であったが、1996年には、3万1,963人、97年は3万4,397件、98年には、4万2,129人となっている。

　1988年の労働者数の部門別内訳は、金融部門が1,858人、4.4％、産業部門が1万9,585人、46.49％、物流部門が2万182人、47.91％である。

　この全体の労働者4万2,129人のうち、協同組合員は約2万2,000人であるという。そうすると、約2万人の労働者は、協同組合員でない

85

雇用労働者ということとなる。

　雇用労働者は、物流部門すなわちエロスキに多いという説明を受けたが、それはそうであろうが、そればかりではなく、産業部門にもかなりの数がいるものと思われる。

　非組合員労働者数を以前は10％までに制限していたが、1993年のバスク協同組合法の改正において、30％以内まで可能とできることとなった。この雇用労働者の急激な増加は、ＭＣＣ全体に大きな変化をもたらしているのではないかと懸念されうる。

　前述したが、モンドラゴンの第8の協同組合原則「社会変革」のなかでは、その第1に、雇用の拡大をあげている。そこでは、取得した純剰余金の大きな部分を、協同組合体制における新規雇用の拡大のために、共同基金に積み立てると定めている。

　スペイン全体では失業率は高く、失業問題の克服は困難な課題である。その中で、ＭＣＣが労働者数を増加拡大してきたことは、驚嘆すべきことに値する。

　今回の取材においては、非組合員労働者の増加により大きな問題は発生していない旨の釈明を受けた。この状況は急激な成長のための一時的な現象であり、情報の開示、管理への参加などにより、矛盾回避の努力をしているとのことである。しかし、協同組合の組合員数の増加を図ることは必須の課題であると思われた。

　非組合員労働者が増大している問題だけでなく、ＭＣＣの発展は、協同組合企業に対し、様々な問題を発生させていると思われる。組織が大きくなり、緊密化するにしたがい、単位協同組合の自主性等が小さくなるのは避けがたい。競争に打ち勝つために、企業の再編、リストラ、合理化を大胆にすすめることを余儀なくされる結果、現象的には資本主義的企業とかわりのない手法を取り入れることも起きよう。大量の資金の需要はグループ外の金融機関からの資金調達を増やしており、企業経営に対しその圧力が増大しよう。企業の多国籍化が進む過程では、現地企業の経営のあり方と協同組合企業としてのあり方の間に対立が発生することも避けがたくなる。

これらはすべて、協同組合としての企業のあり方の根本にかかわる問題を提起すると思われる。

　私は、取材最終日の懇親の席で、今回の取材の印象をまとめて、「手づくりの協同組合から、独占とたたかう組織体へ」変貌しつつあると述べてみたが、世界的な市場経済の激しい競争の中に船出した協同組合企業としてのモンドラゴン協同組合グループは、まさにその真価を問われる時期にさしかかっていると思われる。

　そのたたかいの成否は、協同組合基本原則をどこまで広げられるか、その意義をどこまで浸透させることができるかにかかっていると思われる。

7、私たちにとっての協同労働

　旧ユーゴの自主管理企業と対比しつつ、モンドラゴン協同組合をみてきたが、私たちがこのような「協同労働協同組合」をつくることはできるであろうか。残念ながら、日本の協同組合法制の下では、直ちには協同労働協同組合を組織することはできない。

　日本の協同組合についての法律は、スペインのような単一の協同組合法はなく、農業協同組合は農業協同組合法、生協は消費生活協同組合法、事業協同組合は中小企業等協同組合法というように、いくつもの別々の法律で規定されており、それぞれの協同組合法は、必要以上に細かく複雑な規制を加えている。法人格ある協同組合に対し、国や自治体の介入の度合いが強く、自発的活動の余地に乏しい。それらの規定のうちには、どうみても、協同組合の発展を願っているとは思われないものが多く見られる。

　そればかりでなく、日本の協同組合法は、利用者の相互扶助を目的としており、そこで働く労働者が協同して企業をつくることを想定していない。

　そもそも日本の協同組合法において、協同組合の主体すなわち協同

組合をつくる人々は、小規模の事業者または消費者であると定められており、それ以外の者は協同組合をつくることはできない。

協同組合は、これらの事業者または消費者の相互扶助を目的としており、この相互扶助の概念こそ、協同組合の活動の基本的な価値であるとされている。協同組合は、あくまでも、それぞれの自営業者または消費者の事業または家計の助成をはかるための事業を行うのに過ぎないのである。

これに対し、バスク協同組合法は、この相互主義の精神は破綻したことを宣言し、協同組合は、資本と民主的管理をもって企業活動を展開することを目指して制定されている。

日本の協同組合法は時代の要請にあわせて改正されるべきと考えるが、また一方では協同組合組織形態によらなくても、私たちが「協同して労働する」という思想を大切にし、協同の活動を推進する余地は大いにあると思われる。

日本の社会も高齢化がすすみ、介護保険が導入され、市場経済の名の下で、労働市場は流動化し構造的な失業が慢性化するという社会構造の急激な変化がすすめられている。

このような社会の中で、あらためてモンドラゴンの思想と組織を学び、労働の協同を中心として活動を展開していくことには、大きな可能性と夢がある。

ヨーロッパでは、福祉社会の到来とともに、非営利協同のセクターが発展していることが報告されている。日本において協同の運動を前進させることは、民主的な活動をすすめようとしている私たちにとっての大きな課題となっている。

モンドラゴン協同組合の思想と活動を学び、日本のなかにおいて、非営利、協同の運動を飛躍的に前進させようではないか。

第2章　協同労働の現場から

坂根利幸／伊藤　淳／山田駒平／山田浄二／
山田　格／二上　護／高津　司／藤野健正／
岩瀬俊郎／大石不二雄

のどかなモンドラゴンの丘。オタロラの近くにて。

オタロラの研修室で講義を受ける取材団。

1 モンドラゴン本部　　　　　　　　坂根利幸

1、モンドラゴンの歴史と意義

　ドン・ホセ・マリア・アリスメンディアリエタ神父に率いられた5人の教え子達は、約40年前に「労働の協同化」に向けてその第一歩を踏み出したのである。
　彼ら5人の名前のイニシャルから名づけられた「ウルゴール」という企業は、バスク・モンドラゴン協同組合群の最初の単協であった。1956年のことである。
　それから間もない1959年には、同神父の強い決意で、ＣＬＰ＝労働人民金庫を創設した。こうしてモンドラゴン協同組合群は当該金融組織を中核として年々の発展を遂げ、1980年代後半では200を超える単協規模に到達した。
　しかし全体を統括する正規の機関を有してはいなかったモンドラゴン協同組合群は、前章で記載されている通り、80年代半ばで協同組合連合会議（コングレス）等を設定し、「協同組合原則」を確認制定すると共に、監査統括機能を労働人民金庫より分離し、全体統括機能の支援組織（ＬＫＳ）として再編成したのである。
　92年のＥＣ統合を目前として、モンドラゴン協同組合群は、組織と事業と理念の再構築等の取組を実行したが、1991年には自らの連合的協同組合群を、「ＭＣＣ（Mondragón Corporación Cooperativa）」と呼称することとしたのである。
　その意義は、自分達の協同組合群が連合体であること、同時に様々な事業を展開する事業体であること、を強調するものと理解される。

このMCCについては、和訳では、「モンドラゴン協同組合複合体」とか「モンドラゴン協同組合企業」とか「モンドラゴン協同組合連合体」などとされている。以下ではMCCという。但し、MCCという場合、その全体組織を統合呼称するものとして活用される場合と、当該本部組織を指すものとして言われる場合があり留意が必要である。本節では前者の意義で活用している。

2、モンドラゴンの組織

MCCの組織は次頁の図の通りである。その総人員数では、この3年間でも著しく増加している。先に述べた通り、流通グループ（消費生協）の伸びが大きい。

年度	1996年度末	1997年度末	1998年度末
総職員数	31,963	34,397	42,129（人）

なお、われわれの取材に対して説明にあたった研修所（オタロラ）所長は、98年度末の総職員数42,129人のうち、協同組合員労働者数は約22,000人であることを示している。前章で指摘した通り、流通グループを中心に雇用労働者等が増加していることを教示している。約20,000人は協同組合員ではない労働者ないし協同組合形態ではない組織の労働者であることを物語っている。

また、MCCの本部は、モンドラゴンの街の小高い丘に位置する「労働金庫」の本部施設の中に設置されている。専務理事等が存することから一定の事務局機能があると推定される。

次頁の組織図以下、所属法人数では、協同組合組織が圧倒的に多いものの、この間新設され増加しつつある会社組織の関連法人や外国で展開中の合弁事業会社や、海外取引支援会社など形式は協同組合形態ではない法人を有している。これも90年代のMCCの特色と言える。これらの法人数はグループ合計で約130に達している。

さらにＭＣＣの協同組合は、製造部門に集中される協同労働協同組合即ち労働者生産協同組合と、エロスキなどの消費生協などに代表される利用者協同組合即ち消費者協同組合など、わが国における幾つかの分野の協同組合が包括されている。第１章で記載した通り、スペイ

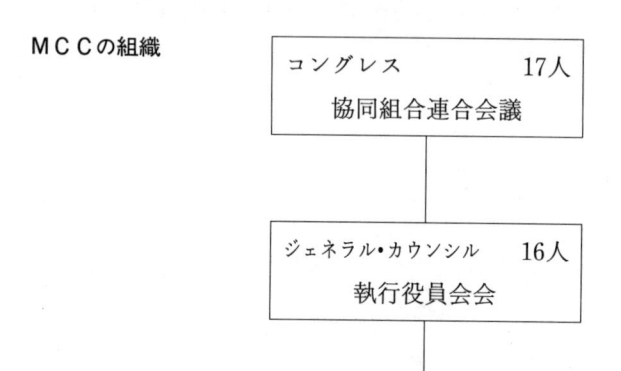

ＭＣＣの組織

コングレス　　17人
協同組合連合会議

ジェネラル・カウンシル　16人
執行役員会会

金共済を含む（共済部門）	製造部門　91企業	所属法人数	流通（消費生協部門中心）
	自動車部門	15	
	機械部品部門	10	
	建築部門	9	
	工業設備部門	19	
	家具部門	11	
	技術、資本設備部門	16	
	機械工具部門	11	
総職員数 1,858人	総職員数	19,585人	総職員数 20,182人

調査・研修・教育部門（イケルラン、モンドラゴン大学、オタロラ等）
総職員数　504人

（注）人員数は、98年度末現在である。

ンやバスクの協同組合法は一つの法制度で制定されていて、分野別協同組合法ではないこともそれらの基礎となっている。

3、MCC各部門の特色

(1) MCC全体の経営状況

単位　100万ユーロ

指標項目	1996年度	1997年度	1998年度
年間収益	3,786	4,368	5,348
うち輸出収益	1,080	1,255	1,434
自己資本	2,000	2,369	2,843
投資金額	271	378	425
利益金額	216	314	414
労働金庫資産総額	4,402	5,024	5,708

　MCCのアニュアルレポート（年次報告書）はユーロ建てで表現されており、1ユーロ当たり100円と推定換算すれば、98年度年間売上総額は5,348億円であり、98年度利益は総額414億円、98年度末自己資本の総額は2,843億円と算定される。

(2) 金融部門

　かつての労働人民金庫（CLP）は、現在、労働金庫（CL）と呼ばれており、依然としてMCCのキャッシュフローの中核である。また共済の協同組織機関であるラグンアログループも、この金融部門で重要な位置を占めており、更にその周辺法人として、リース会社等複数の関連法人を有している。労働金庫を含めて金融部門に所属する法人数は5法人である。これらの金融グループの資金循環は極めて複雑であり、その全容を解明解説するには相当の手間と能力が要求され、

その点では筆者の限界を超えている。

(3) 製造部門

　電子部品、家電製品等から日用生活品の製造販売、建築やプラント輸出まで幅広い製造部門を有している。前頁の通り、大きく７つの分野に集約されているが、所属する職員数の伸びについて、96年度からの３年間で推移してみれば、17,336人→18,797人→19,385人である。
　ＭＣＣの総収益の44％が製造部門の売上高であり、全体輸出収益の約77％が製造部門であると報告されている。98年度で収益が減少している分野が１分野（エンジニアリング部門）あるが、全体としては増収増益傾向である。因みに家電製品の一部ではスペインでのトップシェアを誇る製品をも有している。
　なお、製造部門では、前記の通り、４大陸で10個所近い現地工場を設置展開し、家電と大型車両等の製造を行っており、年々の比重も増大しつつある。

(4) 流通部門

　流通部門は、消費生協エロスキを中心とする小売部門であり、エロスキグループ全体の売上高では、スペインでの小売業界で売上高トップを占めている。
その業態としては、基本的に店舗供給であり、わが国のような班を基礎とする共同購入業態はない。
　街々の旧市街などの小規模店舗に始まり、郊外型・複合型のハイパーマーケットも拡大展開中にある。この間の収益、利益、人員の伸び率が最も著しい分野である。ＭＣＣ全体に対する流通部門のウェイトは、収益で56％、職員数で47％である。流通部門に所属する法人数は、エロスキを中心にして、９法人である。

第2章　協同労働の現場から

(5)　**調査・研修・教育部門**

　この組織は各単協即ち事業部門を支える技術開発支援、人材養成等の支援協同組織である。

　11の組織を有しているが、代表例が、技術開発部門としてのイケルラン（研究所）、1997年に大学認可を受けたモンドラゴン大学、幹部研修施設としてのオタロラなどである。99年の取材でも取材の受入窓口はオタロラであり、同研修所所長が終始の案内役であり、一定の取材協力費用を要求されている。国内外から常時研修や取材の人々（年間800件強、うち30％が海外取材者）が訪れている。

　ＭＣＣの強さの重要な秘訣が、技術開発機関を有している点と様々な人材養成、技術研修等の機関を有している点にある。情報と技術ノウハウ、理念教育や管理手法教育、経営マネジメントや会計管理の教育、単協内または他単協への配属替えのための技術再訓練教育など、わが国を含めて非営利・協同の分野で或いは民間企業を含めても、そのような人材養成・補給のシステムを用意している企業グループはあまり例を見ないことであろう。ほぼ自己完結型の非営利・協同の取組みを垣間見ることができる。

　またＭＣＣでは、これ以外に、海外業務支援機関としてブラジル、インド、コロンビアなどの海外法人を含めて12の法人を有している。これもこの間の多国籍事業展開の産物である。

4、モンドラゴンの財政状態

　ＭＣＣの98年度末財政状態を要約すれば、次の通りである。総資産、自己資本金額とも前年比で相当の伸びを示している。

　ＭＣＣの自己資本のうち、21.1％（600百万ユーロ）が協同組合員等の持分資本であり、39.1％（1,111百万ユーロ）がラグンアロ（共済）の基金積立金と報告され、残りの39.8％（1,132百万ユーロ）が

MCC　貸借対照表

98.12.31　単位　100万ユーロ

総資産 11428	流動資産　9,406	流動負債　7,327	総負債 8,364
		固定負債　1,037	
	固定資産　2,022	自己資本　2,843 少数持分　　221 （伸び率　20％）	

様々な準備金・積立金であるとされている。

　このうち、出資持分資本は、98年度で22％の伸びを示している。いずれも高レベルの利益率と自己資本強化の政策によると報告されている。仮に、労働者協同組合員数が前記の通り、22,000人とした場合、協同組合員一人当たりの平均出資持分を算定すれば、約300万円弱となる。単純に換算すれば、拠出した出資金額の倍程度ということができよう。

　一方、自己資本強化の基礎となった「付加価値」の明細をMCCの98年度アニュアルリポートから転載しておこう。この中で、人件費の伸び率は人員増のウェイトが大きいと推定される。

　上記の98年度付加価値額のうち、42％の775百万ユーロは製造部門の成果であり、36％は金融部門、22％が流通部門の成果であると報告されている。また流通部門の付加価値額の全体割合は前年比で3％増であったとされている。

　なお、上記の剰余金のうち、70から80％が自己資本としてMCC内部に蓄積されている。

　さらに、98年度で法人税等として算定されたのは剰余金の6.3％（26百万ユーロ）という低負担率となっている。スペインにおける協同組合税制の優遇措置と税効果会計の採用の賜と推定される。

　非営利・協同の分野での税制について、民間企業の税負担と大差は

第2章　協同労働の現場から

項目	1997年度 構成比	金額(百万ユーロ)	1998年度 構成比	金額(百万ユーロ)	伸び率
付加価値額	100.0	1,608	100.0	1,843	14.6
人件費	44.3	713	45.9	846	18.6
同控除後付加価値	55.7	895	54.1	997	11.4
財務コスト	13.6	219	10.7	198	9.5
差引キャッシュフロー	42.1	676	43.4	799	18.1
減価償却費	10.8	173	10.9	201	15.7
営業利益	31.3	503	32.5	598	18.9
その他の損益	7.1	114	5.6	103	9.0
ラグンアロ関連費用	4.7	75	4.4	81	7.7
剰余金	19.5	314	22.5	414	31.7

ないというわが国の税制と比較しても、その相違点の意義は大きい。欧米の民間巨大資本も税引後利益の比較となれば、協同組合組織の事業を簡単にはうち負かせないと言えるのではないか。

（注）本節の中に記載された数値等は、98年度ＭＣＣアニュアルリポートより転載したものである。

2 カハ・ラボラル（労働金庫） 坂根利幸

1、労働人民金庫の設立

　モンドラゴン協同組合群の労働人民金庫（Caja Laboral Popular）は、仕事興しとして創立された協同組合事業の金融を支援すべく、その前身たる法人が1958年に創業され、労働人民金庫としては1959年に創立認可となっている。
　当時、フランコ独裁下での生活困難から南北アメリカ大陸を中心に増加するバスク人民の移民を止めるべく、事業と雇用の拡大とそのための資金支援の必要性から、アリスメンディアリエタ神父は熟考し、果敢に設立手続きを進めたのである。
　しかし金融業務の知識の皆無だった当事者らには、業務を展開する術もなく、近隣の金融機関バンコ・ポプラールの人材とノウハウを借りて創業時の業務を担ったとされる。その保証は、伸びつつあった単協たるウルゴール、ファゴール、サンホセ（エロスキの前身）などが担当し、当初は貯蓄銀行として預金業務しかできなかったため、貸出業務を展開できず、また利用者の預金すら引出を勘弁してもらう取組みを実践しつつ、少しずつモンドラゴン地域での店舗展開を行い、現労働人民金庫の基礎を創ったものと説明されている。
　モンドラゴン協同組合群の発展と共に労働人民金庫もその資金課題、経営指導、監査、経営統計等の、いわば協同組合経営群の企画、調整、監督という重要な権限を実態的に有することとなり、モンドラゴン協同組合群内部での本部的機能をも担うように、その質量が拡大していったのである。

2、80年代後半の組織整備と金融機能純化の業務再編

　前記の通り、80年代後半において、ＥＣ統合へ対抗すべく、協同組合の理念や組織等の再編構築を実行したモンドラゴン協同組合群は、労働人民金庫の有していた全体統括機能等をモンドラゴン協同組合連合会議の統轄下に再編し、労働人民金庫の業務を本来の金融業務に純化を図ったのである。また最近では、他の金融機関の名称との混同を避けるため、その名称も「労働金庫」と改称している。

　設立当初は、構成母体たる生産協同組合と消費協同組合と支援金融機関が資本を出し合い、やがて労働人民金庫自身の利用者らの貯金が集約されたが、本格的な発展は構成母体たる各単協の事業経営の発展に負うところとなる。

　1970年代から80年代後半まで、労働人民金庫は各単協と「連合契約」を締結し、「加盟単協の出資金拠出義務」、「会計報告義務」、「利益の30％資金提供義務」などを履行する見返りに、各単協の監査、経営指導、企画立案などの指導支援業務を展開していたのである。

　ＥＣ統合に抗して、組織と制度の改革を迫られたモンドラゴン協同組合群は、80年代後半で監査部門等を分離し別個の協同組合化（ＬＫＳ）を図る一方、労働人民金庫は協同組合内部の金融機能の比重が圧倒的であった時代から、現在は労働金庫自身の営業エリアは協同組合内部向けよりも他法人、非構成員らへの投融資、資金運用の比重が高くなっており、その分、各単協の資金調達も労働金庫より他金融機関からの割合も高まっている（注参照）。法制度として規制されていた金融事業の範囲や仕組みが漸次整備されたことによると推定される。現在は労働金庫の業務範囲は他の一般金融機関と差はない。

（注）労働金庫貸付金構成比率

単位　100万ペセタ

貸付先	1997年度末	1998年度末
提携協同組合	24,172	21,460
その他の貸付先	427,642	504,796
合計	451,814	526,256

労働金庫の単独貸付分で連結ベースではない。

　また90年代前半からモンドラゴン協同組合群は「ＭＣＣ」としてその組織の再編を実施し、各単協は「金融」、「製造」、「流通」の３大分野に整理再編された。このうち労働金庫は金融部門の中核となり、ラグンアロ共済機関と連携して金融・保険・共済等のグループを組成している。さらには保険業務やリース業務を担う会社法人を設立して多角的金融事業展開を図るほか、自治体との連携での地域開発等へ積極的に投融資事業をも展開しつつある。

　上記の貸付金残高の構成比を見ても、構成員への貸付残高は、全体の約４％に過ぎず、創立当初とは雲泥の差であり、事業としての金融活動を多角的かつ大規模に展開しつつあることを物語っている。

３、現状の労働金庫

(1) 現状規模

　主要な規模指標等を表示すれば次の通りである。

　銀行店舗の展開は現在ではまだバスク州全域の比重が大きいが、バルセロナ、マドリッドらにも店舗を構えている。

　98年度末総資産を円換算すれば、6,700億円前後と推定され、98年度の当期純利益を円換算すれば、120億円弱と算定される。

　また国際決済銀行としての自己資本比率いわゆる「ＢＩＳ基準８

％」を優に超えていることも紹介しておく必要があろう。欧米の金融機関の中で規模は巨大ではないが、資産内容等では上位にランクされている。（金額は単位100万ペセタ）

項目	1997年度	1998年度
職員数　　　人	1,445	1,404
店舗数　　　ヶ所	243	256
総預金高	601,551	697,279
総資産	757,215	911,024
自己資本金額	100,825	114,477
総収益	45,205	49,614
当期純利益	13,993	15,823

　なお、ＭＣＣでは、近時、税効果会計を採用し、税金負担の内容と会計表現は相当に複雑となっている。わが国でも導入が始まっているが、本書では紙数（能力）の関係で割愛している。

(2) **労働金庫の組織と労働者**

① 労働金庫の基本構成員

　基本は、加盟単協の代表者と、同加盟単協の協同組合員労働者（アソシアード）そして労働金庫自身の労働者協同組合員（ソシオ・トラバッホ）から構成される総会が基本の決議機関となっている。理事会は理事長、副理事長、専務理事を含めて12名で組成されている。
　一方、一般の預金者等はどのように位置付けられているのか長年の未確認事項であったが、今回の取材で一般の預金者らについては利用者組合員としての意味合いを持たせているとの説明であり、実際の出資金拠出はサービスしているものの1人当たり200ペセタの出資金を受けた格好とし、利用者の総会も別個に開催しているとの説明であった。

要するに、労働金庫は貯蓄協同組合であり、やはり働く労働者協同組合員が主人公の組織であるが、労働金庫の協同組合員ではない新規の預金利用者が現れると、販促費的に200ペセタを負担してあげて、利用協同組合員とさせた上で「労働金庫の利用者」と位置付ける仕組みである。一種の混合的協同組合ともいえる。

② 職員構成

　1998年度末では次表の通りである。
　また、労働金庫の労働者協同組合員以外は僅かな出資金だが、基本構成員たる労働者協同組合員は就職時即ち協同組合員となるときに、1人当たり160万ペセタの出資金の拠出が必要である。日本円換算では、120万円前後と高額な出資金拠出と言える。もちろん分割払いも可能である。前回取材時には、高額出資金は協同組合として当然でもあり養成費としても必要だから、という説明を受けている。
　また労働金庫に加盟している単協の出資金は、当該単協の組合員総数に応じて労働金庫の総会で決定されている。法律で法人の出資金は20％未満とされ、個人は2.5％が上限指標である。

内訳	役員	管理職	専門職	事務職	合計	備考
人数	24	334	408	679	1,445	金融グループ総数では1,858人

③ 報酬

　労働金庫職員の報酬は、ＭＣＣの特色である「1対6原則」を適用し、初任給は約240万ペセタと説明され、6倍の報酬を受けているものはただ一人企業長のみと説明されている。なお、この初任給が1ではなく、水準的には1.2程度ではないかと推定している。
　因みに、1998年度に理事会メンバーに支払った報酬は年間31百万ペ

セタと開示されており、一人当たりの役員報酬は平均260万ペセタと推定される。各単協代表者らの理事就任を考慮すれば、わが国風に言う「役員手当」の意義と理解すべきと考える。

また、「コンセホ・ソシアル」は、組合員協議会ないし組合協議会とでも訳されるが、事実上の労働組合的機能を担い、協同組合員の労働者としての利益を擁護し、その職務と報酬の評価の不満等を取り上げて救済しうる機能を果たしている。これは全ての単協に通ずる仕組みである。

4、労働金庫における剰余金処分と出資金

(1) 労働金庫の剰余金処分

1998年度のアニュアルリポートから類推すると労働金庫の剰余金処分案は次の通りとなる。非営利・協同の剰余金の処分の典型例を見出

剰余金		1997年度	1998年度
当期税引後純利益		13,993	15,823
出資金へ拠出された利息総額	＊1	1,710	2,017
差引可処分剰余金		12,283	13,806
配分			
法定準備金	＊2	8,353	9,388
教育・振興基金	＊3	1,228	1,380
協同組合割戻金	＊4	2,702	3,038

すことができる。
　　＊1　出資金への利息総額である。
　　＊2　法定の必要繰入率は、可処分剰余金の20％だが、労働金庫では、この間68％繰入を実施している。
　　＊3　これは、可処分剰余金の10％積立が法律上必要で、わが国の教育

事業繰越金と同様のものであるが、実際の使途を具体的に開示しており、協同組合内部というよりも地域の文化、福祉事業ないしその施設補助等に活用されている。無税扱いとなる点はわが国と同様である。

実際の使途をアニュアルリポートより転載しよう。

単位　百万ペセタ

教育・振興基金の使途	1997年	1998年
協同組合の促進と教育	790.7	927.1
協同組合内教育振興基金	523.2	614.1
MCC構成員	261.5	307.0
全信連への拠出	6.0	6.0
他の調査研究機関	35.9	44.0
若い起業家の支援	33.7	53.4
バスク語の普及振興	50.0	62.3
ヘルスケア機関	50.4	57.7
文化活動その他	68.3	83.7
合計	1,029.0	1,228.2

98年度の使途金額は、97年度の剰余金処分積立額である。

＊4　出資金に繰り入れられる。（個人口座）

(2)　労働金庫の出資金

　労働金庫の出資金の増加要因は、基本的には拠出による増加と、上記剰余金処分による協同組合割戻金の付加が大半であり、その他利息の一部元本繰り入れ、再評価積立金の5年経過等による出資金振替増加などである。

　出資金の拠出部分は、労働者協同組合員、利用協同組合員、そして提携単協の三者である。拠出済出資金部分は定款にて最低15億ペセタ

とされている。

　減少要因は脱退払戻等である。98年度末の労働金庫出資金総額は、27,286百万ペセタである。1年間で16％の増加である。

　最大出資者は共済機関たる「ラグンアロ」で、19.78％の出資割合と報告されている。（法律上は個人1人で最大2.5％まで、法人1件で最大20％までが持分割合の法定枠である。）

5、労働金庫の課題

(1) 多角化とグループ金融

　今や労働金庫は、単に預金と貸付業務を行っているわけではなく、まさしく国際金融分野の一員となりつつある。一般の預貸業務を基礎としつつ、投資、保険、リース等々バスク地域での多角的金融業務を増大させており、労働金庫と関連金融法人を活用して全体の資金調達運用活動を実行している。また地方自治体等とも提携した地域開発支援や起業振興支援業務をも展開している。

　かつては協同組合の中の協同組合として大きな役割を担い、各協同組合の重要な資金供給元であった労働金庫は、10数年前に構築したとおり一大金融協同組合として変貌しつつある。最早、協同組合内部の資金の砦ではなく、対外的な重要な事業分野を担う拠点となりつつある。エロスキが商品を供給する流通事業の拠点であると同様に、地域に資金を供給する、地域の資金を協同的に管理する金融拠点として歩もうとしているように映っている。この課題は一般的には功罪伴うものと言えるが、バスク地域を前提としつつ、労働者組合員の報酬と剰余金の民主的・協同的管理の仕組みを継続するならば大きな「変質」を招来することはないものとも思われる。

(2) 不良債権

わが国の金融機関はバブル破綻と巨額の不良債権で四苦八苦の状態であるが、バスク・モンドラゴンの労働金庫も、いずれの将来でそのような事態に巡り会うかもしれない。スペイン経済なかんずくバスク経済の波とその大きさに負うこととなる。

　労働金庫の抱える現状不良債権は下記の通りと開示されている。

単位　百万ペセタ

貸付先	1997年度末	1998年度末
提携協同組合	5,956	4,852
その他の貸付先	8,916	6,587
合計	14,872	11,439

　開示されている不良債権の金額は、全体の貸付金総額の約2.2%であり、積んでいる貸倒引当金（13,084百万ペセタ）の範囲内である。現状では、何らの課題も見出せないが、今後の経済展開次第である。

（注）文中の数値や指標等は、1988年度の労働金庫のアニュアルリポートより転載している。

③ラグンアロ（共済・協同組合）　　　伊藤　淳

1、共済の協同組合

　わが国風に言えば、共済生協というべきであるが、MCCで働く協同組合員の共済組織が「ラグンアロ」の名称をもつ協同組合である。前記の通り、労働金庫を中核とする金融部門の一員であり、重要な支援協同組合機関である。
　MCC金融グループの構成法人概要をここで紹介しておこう。

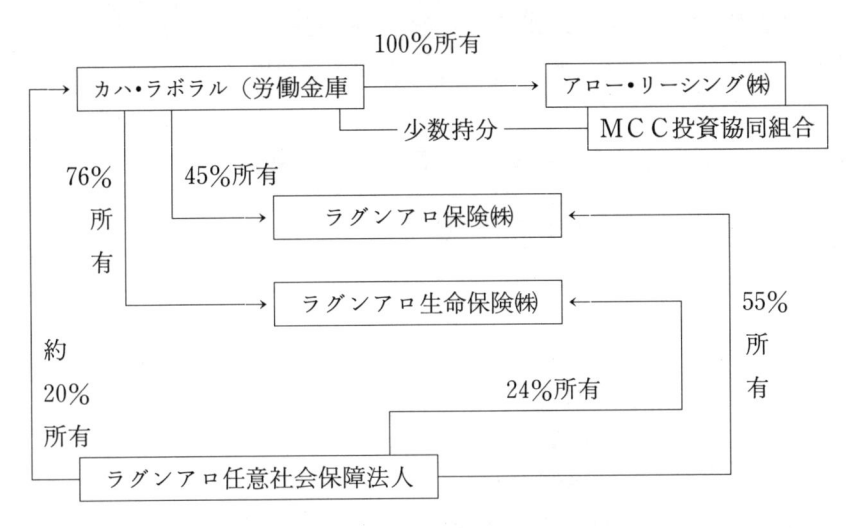

```
                    100％所有
   ┌→ カハ・ラボラル（労働金庫）────→ アロー・リーシング㈱
   │                       └─ 少数持分 ─ MCC投資協同組合
 76％  45％所有
 所      └→ ラグンアロ保険㈱ ←─────┐
 有                                    │
   │   └→ ラグンアロ生命保険㈱ ←──┤ 55％
 約                                    所
 20％          24％所有                有
 所有    ┌──────────┘
   └─ ラグンアロ任意社会保障法人
```

　ラグンアロは、116協同組合、20,591組合員を対象として、年金、医療費補助をはじめとする各種の給付事業や健康管理事業、労災防止活動など幅広い分野を担っている。同時にMCCにおいては雇用調整機能をも果たしている。（加盟組合員数は、97年度で618人増、98年度

で1,249人増）

　ラグンアロが設立された1959年当時、公的な見解としては、協同組合員は自営業者であるという認識から、労働者協同組合は、国の社会保障制度の枠から対象外とされたため、モンドラゴン協同組合グループでは、共済組織の確立を図り、とりわけ自主年金制度を中心とする組合内共済・福祉制度をより充実させることが必要となった。これが共済協同組合事業開始の理由である。

　さらに1967年の制度改正により公的保険制度の中に、協同組合員などの自営労働者の規定が新たに設けられ、ＭＣＣ組合員に対する国の社会保障給付が再び開始されることとなった。このような経過もあって、ラグンアロの共済給付体系は公的保障と協同組合内制度の保障という混合システムを柱とし、ＭＣＣ独自の特色ある制度を併せもった特徴をもっている。

　ラグンアロの組合員数は、90年代に入り一時減少したが、97年より再び増勢に転じており、98年は前年比で過去最大の増加で、総計２万人を超えている（表１参照）。この９年間では11％の増加となっている。

表１　共済組合組合員数　1989－1998年

年	人数
1989年	18,523
1990年	19,067
1991年	19,208
1992年	19,246
1993年	19,005
1994年	18,554
1995年	18,319
1996年	18,724
1997年	19,342
1998年	20,591

　組合員の年代別分布では、40歳前半を頂点に40歳代後半、30歳代前

半と続く。MCCでは、65歳定年制であるが、60歳以上の早期退職制度を選択する組合員が7割を上回るために60歳代の組合員数は少ない結果を示している。

　ラグンアロは、12のグループ別に組成されている。MCCの業態分類に沿っているが、協同組合ウルマのようにMCCを脱退しつつも連帯連携している単協グループも含まれている。

2、給付と事業内容等

　給付と事業高は（表2）の通りである。積立金を除く給付金合計は106億7千5百万ペセタ（約75億円）に達している。
　ここでは金額で多くを占める、年金、一時的労働不能（休業給付）、医療費補助についてその特徴を見ることにする。

表2　98年給付金額

	金額100万ペセタ	構成比率％
医療補助	2,119	18.9
一時的労働不能	2,483	22.1
出産	165	1.5
老齢・寡婦年金	4,800	42.7
管理費用	608	5.4
雇用支援金	188	1.7
分配金	228	2.0
積立金	565	5.0
その他	84	0.7
ラグンアロ給付金計	11,240	100.0

(1)　年金

年金の受給者は4,897人で、73％が老齢年金、19％が遺族年金、8％が障害年金である。加入暦15年で最終給与額の88～89％が給付され、インフレ率7％が加算されている。国の公的年金制度では、加入暦15年では最終給与額の5割支給であり、35年でようやく10割支給になることと比較すると、ラグンアロの上乗せ年金の水準の高さが伺える。
　また、ラグンアロ独自の制度である早期退職制度を選択した場合、初期段階ではより高い年金が、65歳以降は減額した年金が支給されることとされている。

(2) 休業給付

　休業1日目より4ヶ月間は給与の8割、以降24ヶ月まで9割が支給され、障害を伴う場合は36ヶ月の間、支給対象となる制度が用意されている。

(3) 医療補助

　組合員は、ラグンアロと契約する27の病院、1,600人の医師（診療所）の中から選択受診する制度である。国の医療保険制度では、一般診療、専門医療、入院とも10割給付（薬剤は6割）だが、他のEU（ヨーロッパ連合）加盟国と同様、「ゲートキーパー」ともいうべき多くの診療制限がもうけられている（本章の「バルセロナ病院」の個所を参照）。
　これに対して、ラグンアロの医療補助制度では患者負担を2割（薬剤3割）としながらも診療制限を緩和した保険給付として国の制度を補完する仕組みを採用している。また、単協向けに、各種の検体検査や健康診断サービスの支援も始め増加傾向にある。

(4) 雇用支援給付金

この他、ラグンアロがMCCの雇用調整機関として活動していることから設けられている雇用支援給付金について触れておきたい。

MCCの成功の基礎のひとつは、協同組合をつくり雇用の創出と拡大を生み出したところにある。同時に好況・不況の波と技術革新への対応、低収益・不採算部門整理のために生産調整や個別協同組合の統合・解散に伴う雇用調整を実施してきたのである。この間も、一人の解雇者も生み出してはいないというMCC幹部の言葉は的を得ている。

職場を失った協同組合員や転職のための再訓練期間にいる協同組合員らのために、雇用支援給付金の給付制度が準備されている。雇用支援給付金は、その対象となった組合員が再配置されるまでの待機の期間中に、給与補償として支払われるものであり、現在は減少したが過去一定の期間にこの機能が注目された時期も存する。雇用と組合員の利益を確保均衡させ続けたMCCの特色を良く表している。

3、ラグンアロの財政基盤

こうした給付水準を可能としたのは、ラグンアロの財政基盤の強さにある。

医療費補助を含む健康管理、休業補償の費用は各協同組合の分担金によって賄われる。各単協の分担金額は、年次毎に変化する各給付項目の保険料に相応している（表3）。

ラグンアロ加盟協同組合は、12グループに編成され、各グループの給付額が予算以内であれば差額の5割は分担金に算入され、予算額を1割以上超過すると超過分を負担し、3割以上の超過分は特別措置が採られる。

98年度の医療費補助では、エロスキなど7つのグループは予算以内、基準を超過し追加分担金額を支払ったグループはファゴールなど4つの単協であった。

年金給付は、長期にわたって積み立てた2,389億ペセタの基金（97

表3　1組合員当り保険料ペセタ

	1994年	1995年	1996年	1997年	1998年
労働不能補助	205	170	130	110	110
医療補助	8,185	7,970	8,040	7,940	3,000
一時的労働不能	8,249	7,512	7,914	9,266	9,451
出産	—	598	827	672	851
死亡補助金	180	220	195	140	120
管理費用	—	1,255	1,340	1,540	2,830
雇用支援金	8,048	9,604	11,737	12,162	7,088
老齢・寡婦年金	32,082	35,249	36,922	38,256	39,019
廃疾	4,627	2,497	2,794	1,969	2,457
合計	61,576	65,075	69,899	72,055	64,926

年末）を財源とし、これを含めラグンアロの総資産は3,250億ペセタに達している。

その多くは、同じ金融部門である保険株式会社2社への出資や国債運用など各分野への投資とその収益によって蓄積されたもので、98年度は前年比18％増と大きく伸びている。もっとも、ユーロ通貨が発足し、スペインでは第2位のビルバオ・ビスカヤ銀行がイタリヤ第3位の銀行との合併で三和銀行に次ぐ世界第14位の規模を目指すなど、EU市場が今後不安定となり投資収益の見通しは極めて流動的であり、モンドラゴンの金融部門らも安心できないところである。

4、共済事業の課題

ラグンアロによって築かれた共済制度の到達点は、協同組合の結合・連合によって資金を大きくし「多数が少数を支援」する原則、合理的な資金運用、分散化したグループによる運営責任の明確化によって獲得されてきた。何よりも労働者組合員の生活をより豊かなものに

するために、協同組合の生産性を向上させ利益を確保することを民主運営によって一致させてきた結果であろう。一方で、国の年金制度後退等の影響もあって、数年前よりラグンアロ年金制度も見直しを迫られている。年金受給者は確実に増加しつつも、中心となる投資収益は不安定ともなれば、獲得水準の維持にも大きな努力が必要である。ＥＵが動き始めた今日、ＭＣＣが新たな課題にたち向かう中で、ラグンアロの共済・福祉事業が労働者協同組合の社会保障モデルをどのように追及できるのかが注目されている。

4 ファゴール（家電製造協同組合）　　山田　駒平

ファゴールの工場。電気冷蔵庫を大量生産している。

　われわれの取材団は、MCCの二番目の業態部門である製造部門の単協のうち、主として家電即ち家庭用電気器具を製造している「協同労働協同組合」であるファゴールの工場を見学した。ファゴールはモンドラゴン一帯を中心にバスク地方に8つの工場をもち、合計5千人の労働者が働いている。製造額は4千億ペセタ、うち5割弱が輸出されている。最近では、かつてスペインの植民地であったアルゼンチンやアフリカ大陸のモロッコにも工場をつくり、ポーランドにも進出しているという。現地生産法人の設立運営である。一方他社のブランド名を付けたいわゆる「OEM生産」も、ウエスチングハウス社など欧米4社と提携して行っている。国際的に提携できる技術レベルをもっ

ていることを示している。本節では最初にMCCの製造部門のことを紹介しておきたい。

1、MCC製造部門

　MCC製造部門は製品種別で7個の協同組合グループに編成されている工業グループである。その売上金額は次の通りである。表では調査研究業務を含めて8分類となっている。出典は98年度労働金庫の年次報告書である。
　この表の部門のうち、自動車と機械部門では、ヨーロッパ全域をエリア対象としているため、輸出の割合が高い。また輸出額のうち約8.5％は外国子会社の売上高である。

単位　100万ペセタ

部門	1997年度		1998年度	
	販売高	うち輸出高	販売高	うち輸出高
自動車	72,466	40,844	81,106	48,562
機械部品	44,763	27,699	46,584	29,451
建築	27,175	5,183	33,219	6,601
工業設備	34,932	12,710	47,513	22,484
家電	106,195	37,054	119,819	45,449
技術・資本設備	37,603	22,307	35,900	17,066
機械工具	19,482	10,050	24,572	14,098
調査研究	1,346	—	1,420	—
合計	343,562	155,847	390,133	183,611

　上記の販売高に対して、生産効率はどうであったか、年次報告書では、98年度の生産性は実質で7.1％の伸び率を示しており、98年度一人当たりの販売高は19,751千ペセタと報告されている。また一様の伸びではなく、部品部門と技術・資本設備部門のように生産性の減退し

た部門もある。

　製造部門は、MCCの最大特質である「労働の協同化」を最も典型的に具現化した「協同労働協同組合」組織であり、労働者＝出資者＝経営者の典型的モデルである。この点で各所で述べられている組織と運営、所得と分配、1対6の原則、等々MCC特有の原理・原則が文字通り原則的に適用され理解しやすい協同組合群である。われわれの取材対象となった工場ファゴールはスペインでも有数のブランド名となっている。

　次にファゴールの電気冷蔵庫製造工場の視察概要を見聞記風に述べる。

2、ファゴール（協同組合工場）

　ファゴールのスペイン国内における冷蔵庫生産のシェアは約17％。シェアの持つ意味は重要だと思う。市場経済を基本とする社会にあっては、つくった製品が消費者にその使用価値と価格を認められ、買われ、喜ばれるか、ということが大事である。そして、シェアの高さは技術力と生産性において市場で競争できるレベルを表す重要な指標と考えられるからである。

　われわれが見学したファゴールの工場は、冷蔵庫の生産をしていた。工場はやや急傾斜の丘に挟まれた川沿いの細長い場所に立地していた。東京ならさしづめ青梅市のような地形であろうか。アリスメンディアリエタがこの地の教会に赴任してきたころは人口4千人程度だったと聞いたが、工場の周りには5階建てくらいの労働者住宅が立ち並び、モンドラゴンの町で市民が職を得て、職住近接的に生活している息吹を感じさせてくれた。

　ファゴールはこのほか、洗濯機、自動皿洗い機なども製造している。これらはベルトコンベアーやリフト式のモノレールによって運ばれながら組み立てられる「流れ作業方式」で量産されている。

注目を引いたことは、これらの生産体系を構成する機械のシステムがファゴールで設計され、旋盤などの工作機械加工に必要な工具（バイトやドリル、カッター）もファゴール自身によって作られていることであった。

　一定の高水準の機械工具等製造技術（システム、工作精度）を持っていることを示している。イケルラン（研究開発を担当する研究協同組合。本章「イケルラン」の項参照）も、これらの技術を基礎構造的に支える力となっているのではないかと思われた。

　ほとんど全員が組合員労働者で、消費生協のような利用者（消費者）組合員はいない。（以下組合員と略）。

　組合員は男女比で、男6：女4との説明であり、日本の製造業に比べて女性労働者が多いようである。所得水準は同一労働同一賃金とのことであり、よって男女差はない。

　この工場で製造する冷蔵庫の生産能力は、3,000台/日である。製品のデザイン、技術はすべて自前だが、コンプレッサー、モーターなどのコンポーネントはほとんど他の企業から購入している。設計の段階でメーカーの意見を聞きながら取り入れ、できるだけ優れたものを作るようにしていると言う。小さい部品も他から購入しているが、値段、品質、サービスの良さで判断しているとのことである。ドアー、プラスチックボデイなどの大きな部品はこの工場で製造している。

　毎年、協同組合としてのファゴールの総会が開かれ、事業の年次計画を討議して決める。各組合員はそれぞれ1票の投票権を持ち、総会の決定に参加する。ただし総会は全員では5千人規模となるので、代議員制により開かれている。年次計画にもとづき、毎月計画の遂行状況をチェックし、その内容を一人一人の組合員に報告しているとのことであった。

　工場内に入り、見学しながら説明を受けた。日本と違い、労働者にはユニホームなどはなく、作業者の服装は個人個人バラバラである。Tシャツ、半ズボン、Gパン、スニーカー、無帽など。ただし仕事の内容によって、安全帽やメガネなど安全委員会の指示の下で着用して

いる。工場では労働対象は人間でなく物なのだから、安全性と作業性が満たされれば、あとは個人の好みに任せ、皆が同じものを着る必要はないな、と妙に合点した。

　作業内容では、単調なもの、例えば1日中ドライバーを使っているなどの疲労を予防する観点から機械化したり、8～9人のグループを作り、各グループが単位としてまとまった仕事ができるようにメンバー同士で分解した仕事をローテーションで廻し、グループの仕事であれば誰でもできるように工夫している。

　作業はＩＳＯの基準にしたがって行われている。この基準は労働環境、安全、精度管理など相当数の条項を指示した国際基準である。労働者は人生の3分の1をこの職場で過ごすのだから、職場環境を良くすることを第一に置いていると説明され、ここでは整理整頓が強調されていた。

　見学コースに沿ってスケッチ風に記してみる。
- 生産工程管理センター

　ボードに不良品、改善点などが、設計図面、完成模型図などを添付して書かれている。掲示して全員が見えるようにするため欠点を示し、みんなでそれを直すことができるようにしている。なお工場では、計画に対する生産の遂行状況、金額的な到達点、抱えている問題点などを月々、組合員に報告している。
- 大きいタンクにポリエチレン材料を投入→測定→プラスチックシート排出→カット→シート完成①
- さまざまな幅のプラスチックホイル→ドアの内側へ
- 冷蔵庫の外壁←①
- 冷蔵庫の側面を作るライン
- 冷却回路の組み立てコーナー
- 蠟づけのバーナーが見える「たばこに火をつけないで下さい！」の声。
- インジェクションマシン（プラスチック射出成形機）

- ポリウレタンを挿入し断熱材を製造
- 掲示板

  カラー写真が貼られている。悪い事例の写真との説明。改善されたら外す。
- 梱包用ダンボールのコーナー
- 大型プレス（ＦＡＧＯＲのマーク）
- 鋼板コイルをプレスし型作り。

  コイルは直径1.2メートルくらいに巻いてある。加熱しプラスチック板の成型。チューインガムのようなものを連想できる。冷蔵庫の機種によって金型の形状を変える。
- ドアなどをつくる設備コーナー

  「白線の内側を歩いて下さい。はみ出るとセンサーが働いて機械が止まることがあります！」
- 鋼板コイルカッティングマシン

  与えられた寸法に裁断。ここでは厚さ0.4ミリ。これを曲げて強度を強めるローラーの列。次々と新たな曲がりが入ってゆく。打ち抜きで穴もあく。全自動。
- ラジエーターが挿入された冷蔵庫の背部

  コンプレッサーもここで組み立て、冷媒パイプを溶接し次のコーナーへ。コンプレッサー2台付きと1台の2種類ある。2台のは1台を冷蔵庫、もう1台は冷凍庫用。冷媒用ガスに特定フロンは使っていないとのこと。
- 金枠にドア板を取りつけ
- ニュウマティック（空圧）ドライバーでネジ締め。
- 塗装ライン

  スキーリフトのようにパイプ枠が吊り下がり、その中にドア材を入れて塗装。色は白、人間の目で色の検査はする。ステップが進むほどに塗装→乾燥→完成→終結
- ＡＣＣＩＤＥＮＴＥＳ

  9月の事故がグラフで表示されている。詳細は不明。

・塗装室。
　塗料のエチレン様の臭いが激しい。マスクをつけていない労働者がいる。聞くと「邪魔になる、健康への悪影響よりマスクの邪魔のほうが大きい？」アメリカに比べたら、ガス基準は50％と厳しい。
　水シャワーカーテンで仕切られ、噴射する塗料ガスが外に漏れないようにしている。1時間ごとに人を交替しているとのことだ。
・電着塗装。
　塗料はイオンで被塗物に電着塗装。80度のオーブンの中を20分進む。塗料の模は0.018ミリ。頭上を完成品の冷蔵庫を積んでリフトが動く。行先は外の倉庫へ。
・冷蔵庫内側ケース製造工程
　加熱プレートで1枚のプラスチックプレートを成型、70秒かけて加工しやすい柔らかさにして、成型完成後は空気を注入し金型から分離。
・工程シートに発生する問題をすべて記入し完成型をカットダウンし次へ。カットした残板はリサイクル。ここでは不良率ゼロ（「時々不良品が出ますけど」）。
・中二階にある部屋
　全体が見わたせる位置にあり、問題が発生したら直ちに対応できるようにしている。パソコンが載った机2台、5〜8人くらいが座れるテーブルと椅子。打ち合わせ用？
・冷蔵庫の裏板組み立てラインが止まっている
　労働者は会議中との説明。仕事を単調化させないため、疲れないようにするための一方法。グループ化し仕事を時々変えているやり方と合わせて実施。また労働者の身長に合わせて作業対象となる加工品の高さを上下できるように配慮している。
　自動車のような一直線の組み立てラインでないため、いくつものラインが縦横斜めに入り乱れて組み立てられ集約完成となっており、断片断片をスケッチ風に書いてもつかみようがない。谷あいの狭い土地を目一杯工夫して使おうと知恵を集めたに違いないと想像がつく。
　完成品は梱包し、ビットリアの倉庫へ。休憩のサイレンが鳴り工場

の外へ出る。労働者も部署を離れて外へ、コーヒーをベンダーで求め、芝生に座りこんで飲んでいる。青年から中年という風情の労働者が多い感じ。顔は明るく午後の太陽で眩しいくらいに光る。空気は乾燥していて、感じはさわやか。

3、いくつかの質疑と説明

質問1 事故はどのように集約され、上（管理部）に上がってくるのか

　午前8時から午後6時まで工場に医師と看護婦を配置し、怪我や病気に対応している。主任務はまず怪我人の治療である。事故原因は安全委員会で調査・分析している。報告は2つのルート（段階というべき・筆者）で行っている。

　一つは、自分の上司に伝える。そこで問題が解決できない場合、上司を通じて安全委員会に報告する。新しい機械や設備を導入する際、前もってメーカーに安全面での点検と交渉をし、その内容を安全委員会で調査し決定している。生産より人間のほうが大事だからだ。安全委員会に対してMCC（モンドラゴン協同組合本部）が理念・政策・基準を決めて指示するという関係である。

質問2 日本との技術交流はどうか

　日本人に来てもらって教えてもらうことも多い。こちらから日本に行くこともある。日本との技術交流は最近増えている。

質問3 ジャスト・イン・タイム（日本ではカンバン方式）についてはどう思うか

　トヨタの場合、納入業者はトヨタだけのために仕事をしているのだろうが、ここはファゴールだけのための業者ではないところが決定的に違う。しかし数年前ストライキでトラックが止まったことがあって、

困った。だから「ジャスト・イン・タイム」方式は必要だと思っている。しかしトヨタほど工場は仕事をしていないので同じ方式は難しいと思う。午後3時に引き渡そうとしても相手が開いていなかったら意味がないでしょう。言われる方式は方法ではなく、思想であると思う。

質問4　組合員の教育について

入職前、3日間の入職前教育、入ってから3日間の教育。以後は定期的に教育している。モンドラゴン協同組合では、剰余金配分原則で剰余金の10％を教育に使うことを定めている。同組合複合体（MCC）でもっている組合員教育センター・オタロラが教育活動の役割をもっているが、ファゴールの教育との関係は把握できなかった。

質問5　競争について

株式会社と比べてみたい。株式会社は（従業員同士を競争させて）うまくいかない場合は労働者をクビにする。ここでは協同組合間で職が代わることはあるが、「クビ」はない。よってそのような失業はない。そういう競争よりも、仕事の改善のために組合員の知恵と力を使うこと、努力を生かすことができることのほうが大事ではないか。

質問6　報奨制度はあるのか

グループへの報奨はない。組合員個人の働きぶりや能力を見ながら、報酬を15％までの範囲内で上げることはしている。指導したり提案した人への評価を重視して上げている。

われわれの見た冷蔵庫は日本のデザインと機能等からすれば一時代前のもののように見えたが、それでも一生懸命に作っていることは理解できた。いずれ機能やデザインの競争も激化することとなろうが、労働と労働者を大事にし、その協同化とあらゆる知恵の結集の取組みを常に配慮していればしばらくは現状の進展を守ることができよう。

第 2 章　協同労働の現場から

⑤エロスキ（流通グループ）　　　　山田浄二

エロスキ本部に隣接する倉庫内。自動と手動管理の二本立て。容量は限界の様子。

　働く者の協同を学ぶ私たちの10日間のスペイン視察の旅だったが、その3日目と4日目に流通グループ・エロスキを訪問した。とはいっても10月7日の午後にエロスキ本部で状況説明を受け、2時間程度「商品流通センター」を見学し、8日の夕刻にサンセバスチャン郊外に位置する、グループ屈指の「ハイパーマーケット」店内を歩いてみただけなので「垣間見た」というのが正確かも知れない。
　あとで述べるが、MCCの流通グループ・エロスキは、バスク州を中心にしつつもスペイン全土に店舗展開していることから、象の鼻の先にふれた程度であるが、エロスキ及びモンドラゴンの労働者協同事

123

業の活気に満ちた雰囲気は充分感じ取る事ができた。

1、MCCグループにおけるエロスキの位置

(1) MCCの流通グループ

　MCCは、金融、製造、流通の3大部門を有しているが、流通グループの中心が消費生協としてのエロスキである。このグループの中心は消費生協のコンスムとエロスキであり、それらはさらに子会社としてコマーシャル・エレイン、エロスメル・イベリカ、ソフィデスを擁している。ソフィデスはフランスでハイパーマーケットやスーパーマーケットの経営にあたっている。
　また、流通グループには、農業、畜産、食品の「生産の協同組合グループ」も組織されている。それらは農業・食品グループとしてエルコプとして呼ばれている。

(2) エロスキと消費生協は同じ？

　エロスキは大・中・小合わせて3000を超える小売店（スーパー）から構成されている。スペインの協同組合法によって設立され経営されているので、わが国の消費生協とダブラせて考えられがちである。私を含めた視察団のメンバーが、当初は日本の巨大生協が抱えている今日的課題との関係でエロスキの現状と問題点を見つめようとしたのは当然かもしれない。
　しかし私は、エロスキのもっているMCC（モンドラゴン・コルポラシオン・コーポラティバ）グループ全体における位置取りに着目して、この流通グループとMCCすなわちモンドラゴンの労働者協同事業全体の現実に学び将来展開を考えるほうが積極的ではないかと感じるようになった。

第2章　協同労働の現場から

(3)　エロスキは二種の協同組合の複合体

　エロスキは二つの協同組合が一つの事業内で協同している点で、МССの中でも特別な位置を持っている。もとより現在のMCC自体が「モンドラゴンの一帯を中心とする様々な協同事業が複合して、EU統合時代に立ち向かう」戦略で再編成されたものであり、「協同組合間共同」を方針に掲げているが、一つの事業の中で共同しているのはやはり特異である。
　お客さんである市民は、「消費者協同組合」を組織して運営にかかわっている。今のところ、約38万人の利用組合員である。もう一方で、職員労働者は「労働者協同組合」を組織して運営にかかわっている。
　この両者で協議体を形成して意思決定を進めているのである。この労働者協同組合は今のところ約1万人強の組織であるが、エロスキの出資の大部分は消費者協同組合員ではなく、労働者協同組合員である点がわが国の生協と決定的に異なる点といえる。消費者組合員は終身で一人200ペセタ（約160円）の出資義務に過ぎないが、労働者協同組合員の方は一人約150万ペセタ（約120万円）が平均出資金とされている。私が言うエロスキの特別の位置とは、この共同の形式と同時に、МССが広く市民に向かって窓を開いてゆくための先進的役割がエロスキにあるという点である。
　モンドラゴンの労働者協同組合の運動は40年間の伝統と権威をバスク州で作って来たが、出資義務200ペセタの消費者組合員を大量に組織化することでMCCが新しく広範な市民権を目指していると感じられたからに他ならない。

(4)　多国籍企業への対抗勢力として成長

　エロスキの二つ目の特別の位置は、様々な業種の複合体であるMCCの中でもとりわけ成長率が高いという点である。

125

スペインは「かつての帝国主義国」、「現代の遅れた資本主義国」といえるが、いまや着実に3％～5％程度の経済成長を確保している点で、現局面では日本やアメリカと異なっている。わけてもMCCの成長は目覚ましく、機械工業のファゴールと並んで、エロスキは10％を超える成長を達成しており、MCCの象徴的存在である。

　手許にある僅かの資料によっても、エロスキの売上高は10年前の1988年は600億ペセタ（約480億円）、2年前の1997年は2,857億ペセタ（約2,300億円）、そして現在はついに5,000億ペセタ（約4,000億円）に到達している。消費者組合員数でも10年前は約12万人が現在は38万人強、職員数でも94年に8,500人、97年に13,291人と伸び、現在では20,000人を超えている。

　この成長状況は、やや強引な出店計画や既存の大小のスーパーの買収・統合も併せて拡大してきたことにもよるものであるが「EU統合時代に多国籍企業におしまけない」という気概が成長を支えていると見ることができよう。そして、なによりもMCCがエロスキを通じて、地域の雇用拡大に貢献している点でスペイン国内での新しい信頼をえつつあるといえる。

2、躍進を続けるエロスキの現状

(1) エロスキは30年の時を刻んで

　エロスキの本部はモンドラゴン市の郊外にあった。私たちは、真向かいにあるプチホテルの会議室で広報責任者のベゴニア・ララニアガさんから説明を受けた。「エロスキグループには大変美人のPR担当がいますよ」と聞かされていたが、評判通りの女史であった。

　モンドラゴン地域では、1958年に最初の消費者協同組合が作られたが、1969年に9つの消費者協同組合が合同してエロスキグループになったのである。さらに、1974年にバレンシアにスーパーマーケットを

第2章　協同労働の現場から

展開する協同組合であるコンスムが結成され活動していたが、モンドラゴンとバレンシアの消費者協同組合が合流して、大きなスーパーチェーンとしてのエロスキが誕生したのは1990年のことである。モンドラゴンの協同組合グループ全体がEU時代に即応して協同組合複合体としてのMCCに再編成されたのが、1991年であるから、この合流は大変時宜を得ていたといえる。

　それからの9年間は大躍進の時代である。エロスキグループは店舗の規模に応じたマーケティング戦略を持っており、「100平米以下のコンビニであるチャーター」、「1,000平米までのスーパーマーケットであるコンスム」、「3,500平米までの大型スーパーであるマキシ」、そして「5,000平米を超すハイパーマーケットであるイーペル」に区分されている。

　最新の資料では、イーペル47店、コンスム800店、コンビニタイプ2,025店、旅行代理店55店、サービスステーション19ヶ所と報告されている。また、この2年で5,000人以上も職員が増加し、スペインで最も雇用に貢献している企業として知られている。

(2)　民族資本としてスペイン最大の小売業に成長

　エロスキはもともとスペイン北部のバスク地方で活動していたが、1997年にスペイン全土への展開を目指す「ニューエロスキグループ」となって、商業の中心であるスペイン中央部や東部にも、店舗を開設するか、既存のスーパーを買収し続けている。実際に私たちが後日バルセロナを訪れた際に、大聖堂とピカソ美術館をつなぐ一等地に真新しいコンスムが開店していて驚いたものである。

　いまやエロスキグループは小売業としてはスペインのトップにたち、多国籍企業である欧米の流通資本とせめぎあいながら逆にフランスはじめEU諸国へうって出ようとしている。また店舗の仕様としても一流をめざしており、私たちが訪問したスペイン最北東の都市であるサン・セバスチャン郊外の新しいハイパーマーケットは今日のエロスキ

を象徴する店舗と見えた。優に5,000坪を超える広大な敷地に立てられた店舗は、外装・内装とも上質であり、わが国の「スーパーグループの最新店」や「新設の百貨店」に匹敵するグレード感があった。店内はほとんど見通すことができないほど広く、店内に大きなストリートが走り、フランスやイタリアの一流ブランドのブティックもあり、レストラン街やゲームセンター、映画館もある複合巨大なものだった。

　まぎれもなく、エロスキグループは消費者にとっても、職を求める学校新卒者にとっても、最も人気のある流通企業であり、スペインの経済成長が現在の3～5％で推移する限り、この躍進はしばらく続くと思われるのである。

　モンドラゴン郊外で見学した物流センターはスペインで可能な限りのオートメーションシステムが導入されており、ターミナルから商品を満載したトラックが次々と出発している様は、さながら「スペイン全土に夢を運んでいる」企業を誇示するかのようであった。

3、エロスキからの学びにかえて

(1) 大衆化と協同組合らしさのはざまで

　躍進するエロスキグループにも課題は多いというのがララニアガさんの説明であった。消費者組合員は増え続けているが、協同組合の理念にもとづいた信頼を定着させるのは大変なようで、エロスキでは「コンスメル」という月刊誌を発行し、無料で30万部普及している。これはカラーを主体にした50頁仕立ての堂々たる雑誌で、様々な商品知識が満載されている。この中で環境問題や地域づくりの記事を取り入れて理解を広く得てゆく努力をしているという。従ってエロスキブランドの宣伝やMCC系列のファゴール製品等の宣伝誌ではなく、市民が「賢い消費者」になるための啓蒙誌という意義である。またスペインで最初のインターネット上の消費者向け雑誌としても知られてい

る。

　また、ＭＣＣグループの職員は、労働者協同組合を組織して「企業の所有者」、「企業の運営主体」になるのが原則であり、エロスキも例外ではない。ところが職員の中での労働者組合員比率が低下しているのである。

　1997年に職員が約12,000人だった当時は、出資をする労働者組合員は約11,000人で、全体のほぼ90％であった。しかしこの２年ほどで職員総数は約19,000人となったものの、組合員数はほとんど増えず、その比率は60％近くに低下している。一方この「期間」から明らかなように、「次第に協同の精神が薄れている」のではなく、「この２年は買収と新店舗づくりに追われていた」結果であり、非組合員のほとんどは新規店舗の職員といわれている。そしてエロスキの幹部が「課題」として自覚している限り、極端な心配はなさそうであるが、労働者協同組合が協同＝組織化を求めない労働者とどう共存して行くか、という新しい課題とも言えそうである。

(2)　期待が大きい労働者主権企業の未来

　ともあれ、90年代後半のエロスキは合併・買収も含めて「ビッグになる」ことを指向しており、これが新しい挑戦なのか、協同の精神の希薄化の道か、当事者もまわりの者にも戸惑いが生まれているのではないだろうか。しかし「労働者の協同企業が大資本の隙間を埋めるものにとどまるものではない」ことを示して発展するには、ビッグになることは避けて通れない道だと私は思う。

　現在のわが国においても最も執拗にリストラを敢行し激しく首切りを進めているのは多国籍企業をはじめとした大手営利企業である。「大きな仕事は大企業に任せて、非営利協同の事業は周辺で」という遠慮などをしていては、労働者の生活や雇用は守れないことは明らかである。エロスキがＭＣＣグループの一員であり、労働者の運動である限りは、どこまでも突き進んで行ってほしい、というのが私の実感

である。そして日本の流通にかかわる協同組合にも、この労働者の主体性・労働者主権の在り方をこそ学び厳しい経済情勢に立ち向かう、という課題があるのではないか、と感じさせられた次第である。

　ひるがえって私の法人（医療法人社団）を見直すと、やはり出資社員としての職員は150人程度で、終身で300円の「友の会員」が約25000人いて、共同の営みの医療運動を進めていこうとしている。この二つの運動主体の在り方は、エロスキに良く似ている。労働者の協同の理念の高さと、市民の協同の大衆性というスタイルは、事業を伴う運動においては普遍性があるのでは、と深く考えさせられる機会にもなった。

⑥ イケルラン（研究所協同組合）　　山田　格

イケルランの施設に入る取材団。

　MCCには、基本3部門即ち金融、製造、流通の事業部門を支える支援協同組合群が存する。教育、研究、研修らのサポートを担当する支援事業の協同組合群である。それらは概要次で構成されている。

○イケルラン
　この施設は、機械工学や電子工学の領域つまりメカトロニクスの分野での技術研究開発センターの役割を担い、製造部門等の競争力強化のための技術研究を担当している。本節で取り上げた取材先である。

○イデコ
　工作機械専門の技術開発センターである。更に最近は、機械加工工

程の研究や、遠隔操作システム、モニタリングシステム、オープンコントロールシステムなどの研究と実用化の業務を担っている。98年度の総収入は約5億ペセタであり、その63％は企業向けのものであり、残りは中長期の研究開発業務への対応である。

○マイエル技術センター（MTC）
　この施設は、自動車部品、家庭用品、消費者用電子機器類分野向けの熱成型のための部品製造等の事業の研究開発を担当している技術センターである。約100人のスタッフを抱えており、近時の伸び率が高い水準を示している。

○モンドラゴン大学（MU）
　今回取材対象とし次の項で取り上げるが、1997年に大学認可を受けている。独立の協同組合大学である。その起源は、アリスメンディアリエタ神父が1943年に創設したものである。

○オタロラ
　この施設は、経営担当者の訓練、協同組合員教育、協同組合の振興教育のための研修機関である。経営担当者の訓練では、会議の運営方法、人事管理、時間管理、会計管理と連結財務諸表等の学習も施している。協同組合員教育では、協同組合の価値と原則の学習を強化している。
　このほか、モンドラゴン言語センター（CIM）、トリエリ・イカステヒ・ポリテクニカ（教育者教育と教育ネットワーク）などの支援機関を有している。人材の開発と養成、技術の革新と研究などMCCの事業支援組織の優れた仕組みを感ずるところである。

1、イケルランの概要

イケルラン工学技術研究所は1974年に創設された研究施設であり、MCC（Mondragón Cooporación Cooperativa）所属の民間非営利機関である。

1999年には創立25周年を迎えたこの研究所は、工業部門の会社や協同組合工場、自治体等に対する研究と新製品開発で大きな寄与をしている。

1974年から1982年までの期間は、各協同組合工場に技術的な援助をする活動が主であったが、1982年以降はバスク政府と契約を結んで、その資金援助を受けつつ、MCC以外の会社、機関のための製品開発、技術開発も行っている。

例えば、1982年から人件費などの費用の50％をバスク政府からの援助で賄い、残りの38％は委託研究の請負収入、12％はイケルランを構成する協同組合などからの分担金収入で賄っている。バスク政府はバスクの指導的研究機関としてイケルランを重視している模様である。

イケルランの25周年記念誌には、永年のR&D（Research and Development）パートナーである下記の機関の祝辞が寄せられていた。

AZKOYEN（自動販売機メーカー）、FAGOR（MCCの電機メーカー）、IKUSI, INGELECTRIC-TEAM, IRIZAR（車体メーカー）、MECALUX, ORONA, ZUBIOLA等。

2、イケルランの1998年度の活動状況

(1) UNE-EN-ISO9001の認可を取得。

ISO9000は、ISO（国際標準化機構）により制定された品質管理の国際規格のことである。国際的な競争の中で勝ち抜くため、製品や

サービスの品質を提供できる品質システムが確立されていることを、第三者機関の評価を受けて、登録することで顧客に証明する必要が、欧州をはじめとする世界各国で不可欠となった。大量生産工場でない研究機関のイケルランにとっては難しい課題であったと思われる。

(2) エネルギー部門のアラバ・テクノロジー・パークへの移転。
　新社屋では、バスク・エネルギー開発機構 ENERLAN とイケルランが協同研究をすることになる。これによってイケルランの機能はモンドラゴンのメカトロニクス、エレクトロニクス、デザインとプロダクション・テクノロジー各部門と、アラバ・テエクノロジー・パークのエネルギー部門の2施設で担うこととされた。

(3) コロンビアの SENA 研究所との協同プロジェクト実施され、イケルランから、12名の研究者が参加した。

(4) マイクロシステムについてのＭＩＴ（マサチュセッツ工科大学）との協同研究がおこなわれた。

(5) Fiber optic sensor に関する研究が成果を得た。

(6) イケルランの1998年度の収入
　その総額は1,655百万ペセタであった。これは前年比13％増である。そのうち452百万ペセタはバスク政府よりの援助である。1,066百万ペセタは経常プロジェクトからの収入である。

3、各部門の98年度の活動

次にイケルランの各部門の1998年度の業績のタイトルをあげる。

(1) 電子部門

この部門の主要な開発は次の通りである。
- "wireless" comunication capacities（RF）の開発
- microsystems technology の開発
- センサーの開発（ケミカルセンサー、家庭用）および fibere optics センサーの開発
- 家庭電化製品の電子コントロールシステムでは、ファゴールのセレクタシリーズの電気皿洗い器
- PLC programable logic controller 'systema' の開発、これは、電力、水、ガスの供給のコントロールシステムに用いる
- 工業施設の管理・診断・保持のシステムの開発
- 強電（パワー・エレクトロニクス）関係ではファゴールとイケルランの共同開発で Voltage Frequency converter for 2,4 and 10 kw motors
- 家庭用のCO等のガス漏れ感知器の開発
- 港湾におけるコンテナ輸送のオートメーションシステムの開発

(2) デザインとプロダクション・テクノロジー部門
- Azkoyen Industorial とイケルランの協同でベンディング・マシーンを開発した、これは370種の食品に対応するものである
- 果物、野菜生産における取り扱い、パッケージィング、保存、配布のシステムの開発
- ペットボトル製作機のデザイン

(3) エネルギー部門
- 材料の加熱用の赤外線放熱器
- 燃料電池用のガス改良プラントの開発

4、イケルランの人員構成と財政

　1998年度の人員構成はスタッフが142名、奨学金による研究者29名である。協同組合の構成員は、これらのスタッフであり、また理事会等は多数の提携単協が母体となっている。1998年度の事業内訳は、一般研究プロジェクト20、R&D契約プロジェクト103（うち企業とは94、EU内の国際契約9）となつている。科学技術普及活動ではセミナー2、論文33、研究完了プロジェクトのマネージメント20である。

　財政収入は、一般研究プロジェクト収入452百万ペセタ、契約プロジェクト収入1,066百万ペセタ、その他収入137百万ペセタである。

　研究所の98年度投資金額は、自己資金13百万ペセタ、MCC80百万ペセタ、自治体68百万ペセタである。

第2章　協同労働の現場から

⑦モンドラゴン大学

二上　護

モンドラゴン大学構内にて。屈託のない学生たち。

　10月8日、モンドラゴン大学を訪問し、ミナアレギー氏から説明を受けた。同氏の説明と資料によって、MCCとモンドラゴン大学、高等技術専門学校の概要を紹介する。
　今日のMCCの端緒は、1943年に神父アリスメンディアリエタが、人口8,000人の貧しい町モンドラゴンで、小さな職業訓練学校を開設したことに始まる。この学校で、神父は「働くことの大切さ」と、「労働者が主人公となる企業の経営」とそれによる「社会の変革」について教育したと言われる。
　1956年、この学校の五人の卒業生が、神父や町の人々の支援を得て、

モンドラゴン最初の労働者協同組合たる石油ストーブ製造工場「ウルゴール」を創業し、ここにMCCの運動が始まった。

以来、MCCにおいては、事業の伸展と共に、教育・学習活動が特に重視されてきているが、その精神は、モンドラゴン協同組合基本原則の第10原則として次のように述べられている。

モンドラゴン協同組合は、以上の諸原則の有効な実施のためには、十分な人材と資金を教育に充当することが基本であると考え、以下のことを行う。
 (a) 協同組合教育
    協同組合員全体のため、とりわけ協同組合の社会的機関に選出された組合員のための、協同組合教育
 (b) 専門教育
    とりわけ、指導諸機関に配置された組合員のための専門教育
 (c) 一般的専門教育
    将来において協同組合運動の強化と発展を担いうる青年男女の協同組合人の教育

この基本原則は、幹部に対する協同組合教育とともに、専門教育、青年の教育を特に重視している。

われわれが取材に訪れたモンドラゴン大学は、1997年に大学として認可された。この地域においては、隣町のオニャーテに、スペインの黄金の世紀であった1522年、バスク唯一の大学が創立され、文化の府の誉れ高く、それは二十世紀初頭まで続いた。モンドラゴン大学では、その進取の気性を現代に受け継ごうとしていると述べられている。

1、モンドラゴン大学の概要

モンドラゴン大学は、MCCの研究機関であるイケルラン、イデコ（工作機械部門専門の技術センター）とタイアップしており、また協同組合と経営の教育センターである「オタロラ」の卒後教育も担当し

ている。

　モンドラゴン大学は、それ自身が協同組合として組織されており、教育の根本の目的は社会へのサービスにあり、能率のよい経営と教育の質を保つことを重視している。

　1966年、職業訓練学校の学生が組合員となり、「アレコープ」という工業協同組合が設立された。エレクトロニクス用教材とケーブル配線を製造しているが、学生は、この協同組合で働きながら大学で勉強することができる。さらにモンドラゴン大学は、他大学との連携も大切にし、学生の派遣・交流も実行している。周辺協同組合・企業の要請に応じた学習、企業等の必要に応じた研究を重視し、就職の斡旋も行っている。

　モンドラゴン大学は、工学部、経営学部、人文・教育学部の三学部で構成されており、その概要は次の通りである。

(1) モンドラゴン大学の学部構成

①工学部

　工学部はモンドラゴンの職業訓練学校を受け継ぎ、最も古い歴史をもつ学部であり、職業訓練学校（工業高等専門学校となった。）と同じ場所にある。教育課程は3コースあり、第一課程は、コンピューター、電子工学、工業デザインを三年で学ぶ。第二課程は工業組織エンジニア、ロボット工学を二年で学び、第三課程は学位コースで三年のコースである。

②経営学部

　経営学部は、オニァーテに位置し、1960年に設立された。経営教育、事務教育を担当し、第一課程は3学年、経営分析とコンピューター運用技法を学び、第二課程は4学年、企業経営、管理を学び、第三課程は3学年で、経営管理の学位取得コースとなっている。

③人文・教育学部

　この学部は、エスコリアツァに置かれており、1978年に設立され、教員養成、マネジメント、ヒューマンリレイションを教育している。第一課程は3学年、普通教員養成、特殊教員養成、英語教員養成であり、第二課程は4学年、人文ビジネス課程であり、第三課程は3学年で学位取得コースである。

(2)　学生数等

　学生数は、99年度は総数2,800名で、工学部1,600名、経営学部、人文教育学部はそれぞれ500名である。他に、マスターコースに132名、ドクターコースに37名在籍し、各国の大学に80名派遣している。卒業後の研究生が250名おり、研究プロジェクトを組織しており、2.5億ペセタの予算を有している。また外国より受け入れている学生が43名いる。

(3)　協同組合員再教育活動

　協同組合員のための再教育も行っており、その総時間数は11,000時間に及んでいる。そのうちの3,000時間が大学における教育であり、8,000時間は専門学校における教育時間と報告されている。

(4)　大学の教師、職員数と予算

　総教職員数は、225名である。大学の予算は、初年度は17億ペセタ、98年度は約23億ペセタであり、その38％（初年度は50パーセント）は、学生の授業料で構成され、33％（同35％）は協同組合等からの拠出金、29％（同15％）が政府からの助成金で賄われている。98年度の投資額は2.5億ペセタである。ＭＣＣと協同組合ウルマと、政府が分担支出している。

(5) モンドラゴン大学の組織

　その組織は、基本的には他のMCC協同組合と同様であり、学生も協同組合員であることはいうまでもない。モンドラゴン大学協同組合の最高決議機関である「総会」は、大学の教師・職員の代表者が三分の一で40名、企業と研究センターの代表者が三分の一、学生の代表者が三分の一として組織構成されている。一人一票制の原則により、組合の意思決定が行われる。

　この総会の下に、日常の政策決定の最高機関として「理事会」があり、理事数は12名で、総会と同じ割合で構成されている。4名が教師・職員の出身、4名が学生、4名が企業の出身である。企業出身のうち2名はMCCの出身、1名はウルマ（MCCを脱退したが連帯関係にある協同組合）の出身である。

　一般に理事会のもとに企業長がおり日常の業務執行に責任をもつが、大学では、大学長がこの任にあたっている。

　各学部は、それぞれ「学部総会」をもち、学部長を選出する。学生と教師は、それぞれ、学生の協議会、教師の協議会を組織している。

(6) 授業料

　協同組合員である学生の授業料は、工学部の三年課程の場合、1年で40万ペセタである。基本原則においては、協同組合教育が重視されているが、大学の授業においては、協同組合についての特別な授業は行われていないという。協同組合の実態をみることにより、その精神と構造を学ぶことができると考えられていると推察される。

　また、大学における学問の自由、大学の自治について質問したことに対し、マドリードにあるスペイン政府が定めたカリキュラムがあり、大学の教育計画については政府の承認が必要となっている、という答えが返ってきた。

モンドラゴン大学の前身たる職業訓練学校は、1976年、工業高等専門学校として認可され、モンドラゴン大学認可までは大学レベルのコースまで有していたが、大学創設とともに、いくつかの課程は大学に移されたが、97年度においては、学生数は2127名であり、前年度から11％増えており、協同組合企業とのプロジェクトも200を越え、協同組合員の再教育の時間も11％増えている。

2、モンドラゴン大学の意義等

　モンドラゴン大学、高等技術専門学校を取材した概要は以上であるが、その際立った特徴は、ことに印象的である。
　第一に、MCCは、グループ全体として、特に教育、訓練を重視しており、それは、グループ設立以来の伝統となっており、MCCの発展を支えている。
　第二に、その中心的な教育機関であるモンドラゴン大学は、協同組合社会の求める実践的な教育を重視しており、企業と共にする研究プロジェクトを数多く行っている。
　第三に、大学の組織自体が協同組合として組織されており、協同組合の組織原則にしたがって運営されている。
　学生も協同組合の組合員であり、教師・職員、学生の代表と、設立母体である企業の代表が同等の権利をもち、それぞれの要求を調整しつつ、自主的な大学の運営が行われている。
　日本における大学のあり方を思い浮かべたとき、モンドラゴン大学の組織、運営の「ありよう」は、まことにユニークである。

第2章　協同労働の現場から

8 アイタメンニ精神病院　　　　　　高津　司

アイタメンニ精神病院。モンドラゴンの隣町にある。

　現在、モンドラゴン協同組合の中には、医療機関はない。そこで、モンドラゴンの近くの村にある、アイタメンニ精神病院を訪問することとした。
　アイタメンニ精神病院も、モンドラゴン協同組合と同じく、山並みに囲まれた地にあった。周りの民家と同じような色調の、レンガ風つくり、石造りの建物が、ゆったりと広がっていた。病院のすぐ目の前に、古いたたずまいの立派な教会があったのが印象的であった。
　清潔ではあるが、無機質ではないエントランス・ホールで、女性の病院長であるベアトリス・ウルダンタリさんと、アリスメンディアリ

エタ神父の甥にあたるという人事部長のヘスス・マリア・アリスメンディアリエタさんが、見学団を迎え挨拶を交わした。日本にも来たことのあるMCC幹部のホセ・ラモン氏も待ちかまえていた。石塚氏を日本の息子のように思っている同氏は、にこやかに抱擁を交わしていた。

　この病院は、本来はモンドラゴン協同組合とはまったく別の組織であるが、共に、非営利・協同の組織として、友人としての付き合いをしているということである。私たちを案内していたモンドラゴン・MCCの人たちと、病院の職員の方々が親しげに話をしている様子を見て、日頃からの協力・信頼関係がうかがわれた。モンドラゴンからの紹介患者さんだからといって、特別な扱いはしないとのことであるが、患者さんの社会復帰のために、MCCなどの協同組合やその職場と協力しあっているとのことであった。

　この地域は、前世紀までは温泉のある避暑地として有名なところだったということであるが、当時この地で、カノバス首相が暗殺されてからは、リゾートとしての人気が落ちてしまい、さびれてしまったのだそうだ。それを、101年前、イタリア人のアイタメン＝神父率いる教団が買いとり、精神病院として立ち上げたのが始まりとのことであった。それからこの精神病院はずっと、キリスト教の派の所有として営まれていたが、現在は所有自体は地方自治体に移管されており、運営権はプライベートなまま引き継がれているとのことである。つまり、公的所有、民間運営委託、という形態である。

　病院の規模は、職員313人で、入院患者560人とのことであり、バスク地方で一番大きな病院という。
　職員は、医師12人、心理療法士8人、看護婦32人、薬剤師1人、看護助手165人などである。
　この病院そのものは、外来患者は少なくて、ほとんどが入院設備であり、別に、外来機能を果たす付属診療所（室）が、モンドラゴンの

中と、ビルバオ市内に設置されている。そして、今年からサンセバスチャンにも、新しく診療所がオープンする予定という。

病棟は、一般の精神科病棟と老人病棟が主体であり、そのほかに脳外傷を受けた患者の入院とリハビリ部門がある。

大学と協力した、医師や心理療法士の研修の受け入れを積極的に行っており、特に心理学を学びたい人がビルバオなどからきているとのことである。また看護学校があるので、その学生も集まってくるとのことで、そういう風にして、スタッフも集まり、バスクでは、医療水準の高い病院として評価されていると話された。

医業収益は、契約しているバスク州の社会保険である「オサキデタ」から90％が入り、それ以外は、ＭＣＣのラグンアロなどの保険会社から入る医療保険や、自費負担からの収受分である。

オサキデタからは、一ベッドあたり一日7,000ペセタが支払われるが、実際の経費負担金額はその２、３倍にのぼるため、運営と経営には色々と工夫しているとのことであった。この点では民医連も似ている部分を抱えている。

精神病棟は、以前はアルコール中毒の入院患者が多かったとのことだが、現在は、精神分裂病やアルツハイマーの患者が中心になっている。病棟には閉鎖病棟も準備されていた。

病院の中を見学させていただいたが、患者さん達はみな思い思いの服装でおしゃれをして過ごしていることが印象的であった。

病棟はいくつかのユニットにわかれており、一つのユニットには40人ずつの患者が入院している。どのユニットも同じような創りとのことであり、これもわが国と同様と思った。

わたしたちは、主として老人病棟を見せてもらった。各病室は４人部屋が中心で、部屋はクローゼットとお風呂付きである。ゆったりとしたスペースであるのと同時に、壁や床の色調・材質がやわらかく造

られている。各ユニットの食堂も、木材の材質を生かした落ち着いたもので、四人掛けのテーブルには、食器とナプキンがきれいにならべてあった。清潔で暖かい雰囲気を感じたものである。

患者の談話室やリハビリ室は大変広くとってあり、みなさんゆっくりと、思い思いのことに参加していた。同行のＭＣＣの人たちも患者に気軽に声を掛け合っていたのも印象的であった。

壁には患者さんらが描いた斬新で楽しい絵がたくさん掛けてあり、見学団もしばし見入っていた。

院内の作業所では、カギのセットをつくる仕事をしていた。作業療法であろうが、ヨーロッパのある大きな鍵会社の仕事を長く引き受けているとのことであった。

老人患者用のユニット（病棟）には、アルツハイマー、痴呆症、身体不自由の患者さんが入院している。退院せず、一生ずっと入っている方がほとんどであるとのことであるが、この地域の高齢者医療の入院・入所部門を受け持っているということなのだろう。

途中、昔話を聞いたが、その昔、まだ会議室など持てなかった頃のモンドラゴン協同組合群の重要な会議は、この精神病院の会議室を借りて開催されていたとのことである。彼ら曰く、自分たちは変わっているかもしれないし、ここの会議室は多分似合っていたのかもしれない、とのことであった。そういえば、ＭＣＣのある幹部が、自分たちも変わっているが、遠い異国の日本から大勢で変わった企業を見学に来る、あなた達も相当に変わっている、と話していた。しかし私たちが変わっているのではなく、世の中の現局面の主流たる市場経済がおかしいのだと思った次第である。

⑨CES歯科クリニック

藤野　健正

CES歯科クリニック前口。（マドリッド）

　10月9日朝快晴、サンセパスチャンをバスにて出発し一同マドリッドへ。
　バスク地方は山あり、谷あり、緑も豊かで、日本の信州地方のようであったが、2時間もすると劇映画に出て来るメキシコの荒野を彷彿とさせる風景となった。ここかしこにオアシスの様に草木が繁るほかは、赤土の丘と岩山が見える広大な空間へと変わってきたのだ。途中、西部劇さながらのレストランにて昼食をとり、一路首都マドリッドを目指し、6時間後に到着した。

早速、今回の取材の旅で唯一の歯科クリニックを訪問した。われわれの訪問した「ＣＥＳ歯科クリニック」はマドリットの新市街地の高級マンションの１階にあった。出迎えて下さったのは、小太りで貫禄のあるジェネラル・ディレクターのカルメン女史と、日本へも三ヶ月間の取材をしてきたことがあるという美人の事務長のアナさんであった。
　まずは、クリニック施設内部を案内されたが、その日は土曜日の午後のため、残念ながら診療活動の見学はできなかった。新しいクリニックは完全個室スタイルの４つの診療室があり、診療ユニットも新しく、スペースもゆったりしており、パソコンも導入されていた。
　筆者が３年前に視察したドイツの歯科診療所スタイルと良く似ており、ドイツではこれからの診療室は法的にも個室タイプでなければならなくなったと言っていたのを思い出した。スペインもＥＵ参加をしたので所謂ヨーロッパ（ＥＵ）スタイルなのかも知れない。
　４人の歯科医師が所属し、補綴一般、歯周、小児、歯科矯正、インプラントもやっていること、一日の患者は40～50名ぐらいであると説明していた。
　パントモ（Ｘ－Ｐ）はＸ線室に収まっていたが、デンタルＸ－Ｐは各ユニットの側にむき出しで取り付けられていた。又、診療器具は、小型のオートクレープにて滅菌していると誇らしげに説明していたが、後で、パンフレットを見ると、このことが写真入りで紹介してあったので、当院はエイズ対策がしっかりしているという一つの「セールスポイント」であったのではと納得した。
　その後、プレゼンテーションがあり、カルメン女史の説明によると、ＣＥＳ歯科クリニックグループは1980年に「協同組合」として出発したとのことである。
　組合入会資格は、75万ペセタ（約50万円）の出資が必要である。歯科診療所は４ヶ所開設され、、歯科医師25名、その内３名のみが専任（常勤）で、他は非常勤契約ドクターである。歯科衛生士は25名、歯科技工士は10名であり、事務スタッフが管理運営している。

協同組合員は43名である。すなわち「協同労働協同組合」と言うことができよう。医療内容は一般歯科、歯周、小児歯科、歯科矯正、歯科インプラント等を行なっている。

現在、力を入れていることは、2年前より品質管理（QC）を導入しているとのこと。また、コンピューター導入で各院所の経営管理と今開発途上の患者管理にシステムのことを力説していた。

収入は、ドクターが40％を取り、その内、補綴物（冠、入れ歯）の技工代金は、各ドクター持ちである。残り60％が診療所の取り分となるといっていた。これは、日本の開業歯科で行なわれている「歩合性」と基本的には同じである。

ところで歯科医師は1日何人の患者を診察するのかとの質問には、10～15名位と言っていた。私自身は1日30～40人診るし、インプラントをはじめオールラウンドに診療している。さらに、それくらい働かなければ経営もなりたたないと話したら「オー、クレージィー！」「ぜひ、あなたを私たちのグループにスカウトしたいです！」と冗談を言い合って笑った。

私が見る所、このクリニックは、スペインにおいてかなりレベルの高い歯科医療を提供している。しかしながら1日10名程度の患者を診療するだけでこれだけの診療システムを維持できるのは何故かと疑問に思ったのだ。

じつは、私は既ににある情報を入手していた。スペインに来てすぐに親しくなったスレンダーな美人で現地添乗員の重さんの前歯に、見るからに質の悪い治療が施されているを目ざとく発見し、会話が弾み、ついでにスペインの歯科医療事情を聞くことになったのだ。

スペインでは、社会保障（国の歯科保険）が使えるのは歯科では次の通りである。
　(a)　大人；歯を抜くことのみ
　(b)　子供；臼歯に充填物をつめるのみ
あとは、社会保険は使えない。それ以上の歯科治療は全て自費払い

となるため、大方の人は、私的な歯科保険に加入するのだそうだ。そこで私は図々しくも、彼女に民間保険における治療費はどのくらいなのかを調べてもらうことにし、2～3日後にホテルにファックスを頂いていたのだった。歯科サービス料金表は下記の通り（単位ペセタ）。

	歯科保険（私的）	保険なし
充填物を詰める	3,000	6,000~10,000
抜髄（神経をとる）	8,000	26,000
金冠（さし歯等）	7,000~26,000	36,000~60,000
ポーセレン冠	35,000~60,000	
入　歯	?	90,000
抜　歯	?	25,000~30,000
矯　正	250,000	500,000

　重さんの調べでは、スペイン（彼女はマドリット在住）では保険無しの料金は、重さんの友達の歯科医師に直接聞いて頂き、私的保険は彼女の使っている"SANITAS"の料金であるが、他の私的保険でも殆ど差はないそうであるとのことだった。

　要するに、スペイン国民は、歯科医療を受けるためには私的保険に入り、EU加盟国レベルのコストを払うか、保険無しでは日本並みの自費医療費を払うしかないのである。ということで、私の疑問はすぐに解けた。

　CES歯科クリニックグループは、更に内部努力と患者の立場に立つ医療を全力を挙げて追求している姿がはっきりと理解できた。ちなみに重さんは、帰り際にさっそくCESクリニック受診の予約を取っていた。

　歯科を始めとする医療の協同組合はスペインではこれからということのようであり、先頭に立つドクター集団の姿勢と力量の比重が大であると感じた。それにしても、民医連とは大分違うな、という印象であった。

第2章 協同労働の現場から

[10] バロセロナ病院

岩瀬俊郎

バルセロナ病院エレベーター前で、理事長から館内施設の説明を受ける。

　バルセロナの取材では、病院と身障者施設を訪問した。市内の目抜き通りに位置するホテルを買い取って病院化したこの病院の取材報告をするが、理解を促進するために末尾にスペインのヘルスケアシステムについて紹介しているので参考とされたい。

1、バロセロナ病院の概要

　取材したバロセロナ病院は、スペインで初めての協同組合病院である。その利用者であり所有者は、16万人の会員を有するヘルスケア協

151

同組合（SCIAS）であり、保険者はASCである。医療機能はオープン病院であり、ASCと契約した医師の選択ですべての組合員患者は入院可能である。

病床数は337床であり、うち25床は特別室である。バロセロナ病院の98年次報告書から病院の概要についてのべる。

ヘルスケア協同組合は健康に関する協同組合諸組織の一部を形成する協同組合で、1999年調査時点で17万人を組織している。この組合は1957年に設立された医師協同組合（ASC）（この組織は1999年調査時点でバルセロナで5千人の医師を組織している）から発展したものである。

この組合の基本原理は、次の諸点にまとめられる。

所有と管理に関しては、
　①非営利
　②資産の集団所有
　③協同組合利益の還元
　④協同組合間での合意
　⑤出来高払い
　⑥医師と看護婦の管理への参加

保険と組合員については、
　①すべての医師への自由アクセス
　②すべての利用者が自由アクセスできる
　③統合されたヘルスケア
　④保険給付対象のすべての専門医を自由に選択
　⑤個室入院の権利

ヘルスケア協同組合（SCIAS）（注1）は、1974年に、良質な病院などの活動を目指して消費者が医療専門職やそのほかの利益団体と協同して消費者協同組合を立ち上げた。そして、このヘルスケア協同組合は1989年にバルセロナ病院を設立した。統括理事会（The Board of Governors）は、消費者と職員双方から選ばれた15人のメンバーで構成されている。彼らはいずれも選挙で選ばれている。ヘル

スケア協同組合の最大の目的は組合員に対して、可能な限り高い水準のヘルスケアを提供することである。

　この組織は非営利であるが、その目的を達成するために最良の事業展開が目指されている。

　まず、ヘルスケア協同組合について触れよう。

この組織は9人の執行役員会で管理される。消費者協同組合員数は1998年12月31日の時点で169,852人である。そのうちのバロセロナ在住者は92,722人である。消費者数は1974年の6,493人から始まり、1979年に飛躍を遂げ10万人となり、1990年代は一進一退を遂げている。

　次にバロセロナ病院の内容についてみる。職員数は687人であり、そのうち651人がフルタイム職員である。その内容は、医師数30名、看護婦数198人、看護助手136人、一般サービス150人などからなる。

　1998年の活動を疾病診断群（DRG）ベースにベンチマークデータ（500から800床を有するスペインにおける21の病院での平均成績）と比較すると、平均在院日数はベンチマークデータが6.6日に対して5.1日であった。ケース補正を行った在院日数は5.6日であり98年次報告書では「病床利用はベンチマークデータより16％効率的である」と評価している。

　入院、外来、救急外来は次のようであった。

　手術：1998年に13,585件の手術が行われた。そのうち、11,921件は計画的手術、1,664件は緊急手術である。そのうち、2,718件（27％）は日帰り手術であった。

　産科：1998年には2,087件の出産があった。692件の帝王切開があった。

2、取材して明らかになったこと

　医療協同組合モデルは1960年代から盛んになった。創設者はホセ・エスピリウールという医師が創設した。はじめは、バロセロナに始ま

り発展してきた。

　モンドラゴンのラグンアロ（共済）のところでも触れたが、以前モンドラゴン協同組合が所有する診療所があったが、地方自治体のモデルとして、公立に変わった経過がある。

　ラグンアロ共済協同組合は何年もの間、組合員とその家族のために近代的で優れた診療制度を維持してきた。診療所はモンドラゴンの他の市民にも有料で奉仕し、健康管理を社会の幅広い範囲に広げていった。1987年1月1日からバスク地方政府は、診療所の財政と運営を引き継ぎ、その診療所をバスク地方の同じような規模の他の都市における診療所のモデルとして活用してきた。（注2）

　バロセロナにおける公的病院は2つある。他に、20ほどの営利を含む病院が存在する。この度の調査では**バロセロナ病院の使命**として理事長は次の点を挙げている。

①社会的経済による参加（すべての組合員は同一の出資金を出す）
②門戸開放
③一人一票制
④民主的管理運営
⑤出資者への利益還元はしない

さらに**消費者の医療参加**については次の点を挙げた。

①サービスの質向上コントロール
②入院患者のサービスコントロール
③継続性
④ヒューマニズム
⑤非営利

　組織構成としては医師協同組合（出資金は1万8千ペセタ）と、消費者、職員からなる消費者協同組合と労働者協同組合を混合した形態（出資金は5千ペセタ）の二つからなる。それぞれの構成体はそれぞれ一人一票に基づく選挙で選ばれた代表を選出する。両者にはそれぞれ最高決定機関がある（総会参加者数は医師協同組合で300人ほど、混合形態では2千人ほどが参加する）が、合同して検討する連合総会

などはない。両者の調整は一つの課題である。

注1　この組織の基礎を促したヘルスケア保険組織であるASCのことをふれておきたい。これはカタロニアで最大の保険組織であり、スペインでも4番目に大きな保険組織である。そして、唯一、非営利の思想を持っている。20万人以上の被保険者を有し、彼らは5千人以上の専門職のサービスを受けている。ASCは50以上のクリニック並びに病院と契約しているが、バロセロナ病院とは独占契約を結んでいる。ASCは医師にかかる回数に関係なく個人の保険料が同じであるというポリシーを持っている。ASCの支出内容は、医療専門職（医師、理学療法士、ナーシングホーム職員など）の給与が55％、病院維持費が35％、その他が7％となっている。

注2　ウイリアム・ホワイト／キャサリン・ホワイト著『モンドラゴンの創造と展開』佐藤誠他訳、日本経済評論社1991年65ページ。

【参考資料】
1，スペインのヘルスケアシステム

(1)　医療制度の改革前
　スペインは、1980年代にヘルスケアシステムの改革を行った。（注1）その理解のためには、それ以前のヘルスケアシステムの理解が重要であるのでその概要をまず述べよう。

　強制的医療保険制度（INSALUD）により、社会保障制度の基本が構成された。つまり、公的病院とプライマリケアの公的な構築があった。このシステムは、直接支払いによる、ないし私的医療保険による任意医療により補完されていた。

　主に自営業者向けの任意医療保険は医療支出の約3％を占めていた（この部分に当時モンドラゴン協同組合の共済組合ラグンアロが含まれていた）。

薬以外に公的ヘルスケアシステムで「cost-sharing」はないが、直接支払いは、外来、日常診療、歯科、薬ケアの面で重要な役割を果たしており、1980年には医療支出の21%を占めていた。

外来：患者は医療機関にかかるのに3つのルートがある。つまり、第1は公的医療保険制度（INSALUD）が指定した一般医にかかる。第2は、低所得者は公的医療保険制度（INSALUD）ではカバーされず、自治体と契約した医療機関にかかる。以上二つの場合には、一般医はゲートキーパーとしての役割が与えられている。つまり、患者は直接に専門医にかかること、あるいは入院設備のある施設に行くことはできない。一般医の紹介で専門医を訪れ、入院となる。第3は直接支払いで、この場合は直接に専門医に行くことができる。薬代の40%を患者が負担する。

病院：4種類の病院がある。つまり、公的医療保険制度（INSALUD）の病院で、一般病院が病床で36%、長期入院が33%占めている。私的非営利病院が14%、営利病院が17%である。公的病院の中には私的病床はない。公的医療保険制度はその所有する病院以外とも契約を結んでいる。

医療機関への支払いは次のようである。

外来；1980年には、一般医も多くの専門医も都市では公的医療保険制度と、地方ではそれ以外とも契約を結んでいた。都市では人頭割で、地方では給料割で支払われた。公的医療保険制度と契約した都市の一般医と、外来専門医は午前中に2時間患者を診て、往診に行くことが義務づけられている。地方の一般医は24時間サービスをしていた。新しい制度のもとでは、プライマリケアチームは定められた人口に責任を持ち給料をもらい、一日あたり6時間働く。独立した開業医は出来高払いで支払われるが、前払い制度では人

頭割で払われる
病院；公的医療保険制度（INSALUD）は総予算制で支払われる。公的医療保険制度（INSALUD）と契約している病院は日割りで支払われる。公的病院の医師は給料制で支払われ、私的病院のそれは出来高で支払われる。公的病院の医師は私的患者を持つことが認められていないが、私的病院でパートタイムで働くことは許される。1987年からは公的病院で医師はフルタイムで働くような方向になった。

(2) 8つの改革

1980年代に以下の8つの改革が行われた。主たる内容は、強制保険の範囲を全国民に対して90％とすること、プライマリケアと病院医療に関するより良い統合計画、一般税以外に財政基盤を求めること、各自治州に対するヘルスケアの権限委任などである。

1981年；カタロニアが社会保障制度のもとでヘルスケアに責任を持つ自治州となった。

1984年；自営業者は強制保険に加入することになった。

1984年；プライマリケア改革；地域を決めてフルタイムの医師、看護婦からなるチームがヘルスサービスを行う。

1986年；国民健康システム（NHS）を作るための一般健康法（The General Health Law）ができた。具体的には
　① 公的医療保険制度（INSALUD）の分権化を進め、NHS内に、17の地方ヘルスサービスを設立した。
　② 地方都市における社会保障サービスの統合
　③ 1984年のプライマリケア改革のサポート
　④ 地方を越えたサービスの調整と計画のための会議を設定した。

1986〜87年；社会保障制度のもとでの保険拡張

1987年；公的病院の医師はフルタイムを公的セクターで働くよう財政誘導した。

1989年；貧困者は、ミーンズテスト（資産審査）を必要とする公的医療保険制度（INSALUD）の対象となった。

1989年；システム財政の基本変更；一般税へのシフト。1989年から一般税の中から社会保障に充てる費用の比率を固定することになった。

2，スペインの医療協同組織の現状

スペインにおける社会的経済の中で、医療分野は122事業体、組合員数は184,493人、雇用者数は23,932人である。（注2）

OECD HEALTH DATA99（注3）をもとに、スペインの医療の概況を述べることにする。

平均寿命は

1960；72.2歳　1970；75.1歳　1980；78.6歳　1985；79.7歳
1990；80.5歳　1991；80.8歳　1992；81.1歳　1993；81.3歳
1994；81.5歳　1995；81.6歳　1996；81.8歳　1997；82.0歳

である。

人口は1990年38,792千人が1997年39,323千人とわずかに1.3％の増加である。65歳以上の人口は、1989年5,130千人（対人口比13.2％）が1997年には6,222千人（同上15.8％）に上昇している。

1995年における死亡数は、全死亡数が346,227人（対人口10万人あたり639.38人）であった。内訳は、悪性腫瘍が89,493人（対人口10万人175人）虚血性心疾患では37,688人（対人口10万人68.52人）脳血管障害39,973人（対人口10万人68.04人）などであった。

病床利用に関しては

病床総数が154,644床であり、対人口10万人では3.9であった。そのうち急性期病床数は123,396床（同上3.1）であった。ナーシングホームは11,290床であり、私的病床数は50,212床で、そのうち、営利病床数は30,101床であり、非営利病床数は20,111床であった。医療職に関しては若干資料が古くなるが1992年には46万6千人で全雇用者の3.7％を占めており、

そのうち、病院勤務は36,849人（同上2.9.％）であり、臨床に従事している医師数は156.100人（同上1.2％）であった。
　病床利用については1994年の資料では入院ベッド数は年間人口一人あたり1.1であり、そのうち急性期病床は0.9であった。病床利用率はそれぞれ76.7％と73.9％であった。急性期病床あたりの職員数は2.64人であり、そのうち看護婦は0.76人であった。
　また医療サービス費用についてみると、次の諸点が特徴である。
①入院医療費の94.5％（1995年度）が急性疾患への対応になっている。
②入院医療費の96％（1995年）が公的支出である。
③公的外来支出が公的入院医療費の29.7％にすぎない。

注1　ＯＥＣＤ "Health Policy Studies No. 2 The Reform of Health Care" OECD, 1992.
注2　富沢賢治、川口清史『非営利・協同セクターの理論と現実』日本経済評論社1997年132ページ
注3　ＯＥＣＤからＣＤ-ＲＯＭとして "OECD HEALTH DATA99 A comparative analysis of 29 countries" と題する電子出版物。

11 カン・セラ（重度身体障害施設）　大石不二雄

カン・セラの平屋建物部分。（バルセロナ）

1、施設の概要

　10月1日、月曜日、バルセロナに滞在して二日目の午後、このスペインでの視察旅行の最後の施設見学である、「カン・セラ」という重度身体障害者施設を訪問した。そこはバルセロナの市街地よりバスで数十分の所にあった。なだらかな坂道を下ったところの、白い壁の平屋の建物施設だった。塀には落書きがいたるところに描かれていた。施設の理事長のペロータ・カビスコール女史が出迎えてくれた。美人で体格のよい、精力的な方だった。
　この身障者施設は、18歳以上の重度身体・知的障害者の入所施設で

ある。現在は58名の障害者が入所していること、また25名の障害者がデイケアに通っているとのことである。35名の入所障害者がいて、一日に一人の介護者が6名の障害者をケアしている。

看護婦は、5人いて8時間勤務の3交代で担当している。医師体制の方は、一般医が1日3時間診療を行う。神経内科の専門医が月に1日午前中に、公的医療機関から派遣されている。心理学者も来ていて、障害者の診療を担当しつつ、職員の診療も行っているという。

理事長の話では、障害者の家族の理解度をしっかり把握していないと、いろいろ問題が起こり、職員の精神的負担が重くなることが多く、心理学者のカウンセリングも重要なのだそうだ。

さらに、当然ながら医療社会ケースワーカーも配置している。そして理事長が障害者1人1人について介護計画を作成している。介護計画には各チームが対応編成されていて、一人一人の役割がプランニングされていて、チームとして各障害者への総合的な取り組みがなされるように取り組んでいる。即ちチーム医療とそのコーディネートが重視されていると理解できる。

各チームで討議して決めたことは、一人一人の職員が署名をして、それぞれの責任を明確にして遂行している。決定したことについては定期的に評価会議を持って確認し、運営しているとのことであった。

この評価会議の中で、職員の向上について意識的に行っていることは、カンファレンスと家族の要求をしっかり把握することという。患者の家族の意見や思いを尊重重視しながら医療を行っている。いろいろなレベルの決定に家族の意見の参加を行っているのだそうだ。家族は障害者を抱えて頑張ってきたにもかかわらず、家族で介護ができなくなり、親族を入所させてくる場合が多い。家族は施設できちんとした医療やケアを受けていることとして安心してくれているが、一方で決して満足してはいない。治らない状態があり得て、しかし家族の思いはもっとよい状態を期待するのである。職員の労働と心理の大変さの課題はここにある。そのため、家族との信頼関係を保つことを重視しているという。信頼関係が確立していないと矛盾や対立が生じてく

る。その関係の維持確立のために24時間いつでも家族や親戚が面会等できるように配慮している。また医師にいつでも相談したり、説明を受けられるようにしている。さらに、家族の参加するミニパーティーなどを催してもいるとのことである。

さらに、職員の専門性を向上するために、1年間の教育プログラムを職員の希望を聞きつつ、実践の教訓を生かしながら作成している。教育プログラムの柱は、
　①医療介護者の理論、
　②グループ介護の労働形態、
　①家族の対応のあり方、
等を掲げて教育に取り組んでいる。

2、経営や財政等

この施設は、政府・行政との4年毎の契約更新をした上で、公的な資金提供を受けて運営している。

カタルニア政府が運営資金を提供するが、運営は自主的に行われる。スペインでは公的医療施設を民営化する転換の中で、15年前から今日の制度ができた。4年ごとに新しい契約を行うが、契約できるかどうかは、競争的コンクール（いわば入札である）が行われて決定されるという。

競争の内容は、一人の障害者にいくらの資金提供をするので、どのように障害者に介護をしてきて、これからどのようにしようとしているのかが、問われると言う。この方法は、行政にとって費用削減の点で有利である。

行政は費用価格を決定するが、障害者への介護・ケアはもっとかかることがある。価格決定は一律に決められない。個々の障害者によって介護をする価格が高くなることがあり、この差額は施設自身の努力で補填しなければならない。さらに設備投資、人材開発・教育などの

投資をしなればならず、この資金を生みだすことの財政上の困難があると説明された。もっともである。

以上のように、短時間で、この施設の社会的使命とその実践上の色々な矛盾を一気に語って頂いた。その後、施設の見学のため案内されたが、入所の部屋は概ね2～3人部屋の寝室であった。きれいに整頓されており、動物のぬいぐるみも置いてあった。必ず寝間着から着替えて作業場や、リハビリ室に行くことになっていた。治療室を見学させてもらったが、経管栄養を行っている障害者もおり、かなり重症傷者も入所されているのだと思った。

地下には、設備の整った調理室や洗濯室があった。一通り施設を見学したあと、理事長から同じ組織の老健施設をぜひ見てくれとの提案があったが、次のスケジュールもあり丁寧に辞退して辞去した。

私はここで見学したような重度身体障害者施設との交流、関わり合いは少なかったが、まったくなかったわけでもない。

一生懸命説明してくれた理事長が言った「公的医療をおこなうことも非営利であり、協同組合の形態で行う医療も非営利である。」との言葉に、「非営利と協同」という概念について色々と考えさせられた。

東京都知事石原が、府中の身体障害者施設を訪問して、暴言・本音を吐いて顰蹙(ひんしゅく)をかっている。私は、東京都の身障者施設で献身的に取り組んでいる小児科医も知っている。そのような医師と民医連の医師との連携・協同の取り組みは、まだまだ極めて薄いと思う。民医連が掲げている非営利・協同にとっては、もっともっと「協同の輪」を広げる取組が必要である。民医連の外にあっても、現在の社会的使命を自覚しながら献身的に行動している医師や医療従事者との「協同の輪」をより広げることも大切だと思ったのである。

第3章　広場にバールが よく似合う

取材団の印象記

ゲルニカの樫の木の前で全員集合。

思い込みが
こわされた視察

池田順次

　1982年に機会があって、西ヨーロッパ諸国を漫遊旅行したとき、当時は生協運動に身を置いていたので、ただ遊ぶだけでなく各国の生協の実情を知ろうと視察にかなりの日程を振り向けたのである。

　協同組合の元祖とされているイギリスのロッチデール生協やイタリアの生協連合会を訪れて幹部に会ったり、各国の生協店舗を見せてもらったりした。その頃日本の消費生協は、班単位の共同購入活動を展開して日の出のような勢いで事業と組織を伸ばしていたが、ヨーロッパ、アメリカの生協は流通部門に進出してきた大資本の攻勢を受けて大半が衰退局面に入っていた。

　由緒あるロッチデール記念館のすぐ傍らの生協の店舗は、さびれた場末の市場という感じだったし、フランス、スイスなどの生協の店舗でも活気は感じられず、わずかに革新的な住民運動を背景にしたイタリアの生協で特徴ある活動を見ることができた。その後、アメリカのカリフォルニアに出張したとき、第二次大戦前に賀川豊彦の提唱で作られたサンフランシスコ郊外のバークレー生協を訪れたところ、なんと5日前に倒産してしまっていたのだ。私は、もう欧米の生協から学ぶべきことはないのかと、少し思い上がっていた頃にモンドラゴン協同組合を知ったのである。

　生協運動の先輩で、英語、スペイン語をはじめ数ヶ国語をこなす大谷正夫氏が日本生協連の国際活動を担当していたが、モンドラゴン協同組合群を訪問調査し、私的にも何回かモンドラゴンを訪ねて論文を発表していた。

　同氏から話を聞き、文献を紹介してもらってモンドラゴンに関心をもったのである。1983年に東葛病院が倒産して、私もその再建運動に関わるようになったのであるが、当時坂根会計士のご協力を頂くようになり、また私が専務理事をしていた東葛市民生協の監査をもお願いするようになって、同氏からもモンドラゴン協同組合を教えて頂いた。

第3章 広場にバールがよく似合う

　かつてのヨーロッパ取材旅行の時、スペインではマドリッドやトレドの美術館めぐりに何日か費やしてしまい、モンドラゴンを訪ねなかったことを大いに悔やんだのだが後の祭りだった。大谷氏や坂根氏に「今度行かれる時は是非ご一緒に」とお願いしていたが、今回十数年ぶりの念願を果すことができた。望外の喜びであった。

　国際協同組合同盟（ＩＣＡ）会長のレイドロウ氏が、1980年のモスクワ大会で「西暦2000年における協同組合」という論文を発表し、その中でモンドラゴン協同組合が取りあげられてから、日本でも大谷氏のものをはじめモンドラゴン協同組合を研究した論文が多数発表されるようになった。しかし一部の研究者や活動家は別として、協同組合運動の中では、必ずしも正当な、高い評価を受けてこなかったようである。私も、関心はもっていたものの、「モンドラゴンは特殊な事例」という程度に考えていたのが正直なところである。

　ヨーロッパの中では先進国とは言えないスペインの、その辺境の地のバスクの山間いの町の協同組合、モンドラゴン"竜の山"という名前からして変っているという偏見があったのかもしれない。また労働者協同組合による工場経営が中心で、消費生協もやってはいても、当時のエロスキは規模も大きくなく日本で言えばせいぜい中規模生協程度だった。

　日本では、労働者協同組合の運動は、倒産した東葛病院の清掃を請負ってもいる中高齢者事業団が産声を上げたばかりで、評価する人は少なかった。そして私には、カトリックの坊さんが創始した協同組合ということに何か異質なものを感じていた。石塚秀雄氏の本を読ませて頂いて「カトリック社会主義」とか「カトリック革新思想」というものがあることを識ったのは後々のことであり、「カトリック即保守主義」と決めつけていたのである。

　市民個人の独立を前提とし、市民社会の形成を基盤とする協同組合の運動は、どちらかというとプロテスタント的なものと頭から思いこんで、アリスメンディアリエタという「お坊さん」はカトリックの中の余程の変人ではないかと考えていたのが率直なところであった。

「変った人が創った変った協同組合」、「特殊な協同組合」という評価をもっていた。

　しかし文献をよく読むとそうではない。モンドラゴンは協同組合原則を真剣に、忠実に、守っている。実際に展開している事業の中身は、スペインの、そして民族主義運動の強いバスク地方の状況に適合すべく、特殊な面を内包しているが、逆にそうした特殊な側面を貫いている原則性、普遍性をもっと学ぶべきではないかと思うようになった次第である。

　最近、日本のいくつかの消費生協で経営困難による破綻が報じられるようになった。嘆かわしい限りである。その根本原因には流通大資本による圧迫があり、またそれぞれにさまざまな直接の原因があるのだが、そうした状況を招く弱点の一つに、経営を担当する幹部と一般職員の間の協同組合的でない関係、遊離があると見ている。

　モンドラゴン協同組合は、「加入脱退の自由」、「一人一票主義」などの国際的に確認されている協同組合原則の外に、「労働の優越」、「資本の道具的・従属的性格」、「組合員の管理参加」を運営原則に加えている。いわば「労働者協同組合」だから当然と言えばそれまでだが、協同組合が資本の力に抵抗し、対抗してゆく存在である以上、消費生協、農協でも重視されるべき原則であろう。

　モンドラゴン協同組合で注目されていることの一つに、職員の賃金格差の1対3以内という原則がある。激しい議論の中で特殊な技術者に限り1対6以内ということにされているようであるが、その方式が今でも続けられているのか、今回の訪問で確かめてみたかった。

　カハ・ラボル（労働金庫）の幹部に質問したところ、「最低の1と、例外的な人の5あるいは6の格差は大体2.4倍の範囲」という説明であった。そんな賃金体系で、激しい金融競争に必要な金融技術者を確保できるのかと心配したが、職員の団結と協同を大切にしていることを確かめることができた。また実際にファゴールの工場で生き生きと作業していた若い労働者の姿にそれを感じとることができた。

　モンドラゴン協同組合は、原則的な運営を大事にすると同時に、労

働金庫で装備して金融面の基盤を固め、学校を創って人材育成を続けている。金と人、事業になくてはならない力を自ら造り出している。大変にうらやましい、と思った。

「スペインの雇用の確保と拡大という社会的課題に挑戦しています」という確信に満ちた話を聞いたが、それを支える原則的運営とそれを裏付ける活動展開を実際に見せてもらって感銘した。

モンドラゴン協同組合も、EU統合の大波を受ける中で、先進的に流通部門での橋頭堡を確保すべく、エロスキはスーパーマーケットチェーンを買収・統合するなどして急速に消費生協部門を拡大し、実質スペイン最大の小売業になった。日本でも各地に見られるようになった巨大なショッピングセンターを各地に展開している。その拡大のスピードは、新しくエロスキの従業員になった労働者を組合員に組織する間もない程なので、1997年には94％だった組織率が現時点ででは大幅に低下しているということであった。急速な成長と原則的な運営とを両立させることは相当に難しい。その取組に失敗すれば、EU統合の波にさらわれるか、協同組合としての存在価値を失うか、モンドラゴン協同組合は試練に挑戦しつつ前進している。それは、アメリカから全世界に押し寄せている非人道的な「新自由主義」の巨大な波に対して、人間の持つすべての知恵と力を結集して立ち向かおうとしている闘いである。

私たちも、日本での非営利・協同の運動の前進で連帯して応えたい。

再会のよろこび
石塚秀雄

今回コーディネートを依頼されて、まず思ったのはモンドラゴン協同組合だけではなくて、ゲルニカもビルバオもサンセバスチャンも参加者全員に観て貰いたいということと、さらにマドリッドやバルセロナでも別の「非営利組織」や「協同組合」を取材して貰いたいということであった。幸い、いずれも現地の友人たちのアレンジよろしく訪問がかな

って、ほっとした次第である。

　参加者いずれも、おなじ状況だと思うが、成田で飛行機に乗るまでが忙しいのが常であり、10日あまり日本を留守にするために処理しなければいけない仕事や雑用に忙殺されてしまった。旅行の準備もしなければならず、さらには旅のホテルで、日本では間に合わなかった仕事を処理しなければならないはめに陥ることもある。ともかく、飛行機が離陸して水平飛行に移り、飲み物タイムとなり、赤ワインを注文して、一息ついてやっとくつろいだ気持ちとなる次第である。

　今回、印象的であったのは、参加者がみなさん非常に真面目であったことである。現地のバスの運転手も、「ゴミを車内に残さない非常に珍しい有り難い客だ！」と誉めていたし、また揺れるバスの中で堅そうな本を読んでいる人もいて、びっくりしたのである。ビルバオではホテルの裏のバールに同室の根本先生と出かけ、ビール、ワインとオリーブと辛子を刺したものをつまみにしながら雑談に花を咲かせたり。一時間くらいするとバールの親父が「カウンターでお喋りしているとつまみに唾が飛ぶんだが？」と遠慮がちに言ったので恐縮してしまった。ビルバオのホテルの近くにあるグッゲンハイム美術館は、中の展示物よりもステンレスで覆われた建物自体が芸術的であった。アメリカ人の建築家フランク・ゲイリイによる、なにやらポストモダン的未来の船のようなものがライトアップされてネルビオン川に光が反射していて、異空間を演出していた。以前は、川向こうのデウスト大学が地味に川面に映っていたに過ぎない寂れた河岸であったところであったが。

　宿泊のホテルアランサスは何度か泊まったことがあるが、内装が一新されて居心地の良いホテルとなっていた。

　ゲルニカの記念館には、以前マドリッドのプラド別館で展示していたピカソのゲルニカ作成のためのデッサンの一部が移送されて展示してあった。このピカソの早描きのデッサンとゲルニカ本体とは、セットで見るのがもっとも良いと思われることから、取材団一行がゲルニカを見学したことは正解であったと思える。また記念館には、早乙女

第3章　広場にバールがよく似合う

勝元著のゲルニカの児童書もあった。
　モンドラゴンでは、周辺の道路が幾分整備されてアクセスが良くなっていること、街には前より新装の店が多くなってもいた。取材の時の街中の徒歩移動の際に、私は一人抜けてアリスメンディアリエタのお墓にお参りに足を運んだ。しかし、前にあったところに見あたらず、墓掃除に来ていた婦人に聞いたところ、別の丘の上に祭りなおしたとのことだった。スペインの墓地は、日本と異なり土葬が多いので、独特の死臭のような匂いが感じられて私としては苦手な場所である。一般的には日本のコインロッカーのようなところに棺桶を押し込んでモルタルで蓋をするのである。何年かすると取り出して、火葬にしたりする。私は走って、みんなに追いついたときには汗だくとなっていた。
　モンドラゴンでは、現地通訳のモンドラゴン生まれのイオン氏が一生懸命に通訳をしてくれた。3日目ともなるとさすがに疲れたのか、スペイン語とバスク語をチャンポンにして話している。彼の日本語と同じ位に私もスペイン語を話せれば何も言うことはないのだがと思った次第である。
　サンセバスチャンのホテル・コスタ・バスカの最後の夜にはモンドラゴンで世話になった友人のホセ・ラモン一家が晩餐を共にしに来てくれた。高柳先生と卓上議論になったが、先生の鋭い批判の切っ先もホセ・ラモンにうまくはぐらかされてしまった感じの場面もあった。彼らの愛国心・愛社心は誠に強いものがある。聞けばホセ・ラモンは明日、メキシコに協同組合の仕事で行くということであった。
　サンセバスチャンからマドリッドへは国道1号線をバスで下ったが、昼食を食べたアランダ・ドゥエロ付近のレストランのドゥエロ赤ワインが今回一番美味しいと思った。
　マドリッドでは、歯科診療所協同組合でアナと再会することができた。相変わらず活気に満ちた様子だった。彼女が我が家に泊まって出発するときに、「もうすぐ出発する」と言ったら5分で寝間着から身支度全部整えてしまった早業にはビックリしたものだった。訪問終了後、誰かがドロレス・イバレリ（内戦時代の共産党のヒロイン、通名

「ラ・パッショナリア」情熱の花）の本が欲しいと言ったので、私も便乗してアナに買ってきて貰うようお願いした。本はその夜、ホテルにプレゼントとして預けられていた。

　バルセロナでは、ホテルの窓から見おろしたビルの広い屋上に、10匹以上もの猫たちが三々五々集まっていたが、こちらに気がつくと全員じっと見上げて見つめ続けている様子が何とも奇妙なものだった。

　今回は、持ち運んできたモバイルパソコンで通信を実行しようとしたが、電話線の芯がホテルではすべて6芯だったので使用できなかったのが残念であった。ブリュッセルではうまく使えたのだが。これを解決するのは今後の課題となった。

　最後の日、バルセロナ空港から朝出発するときに、もう会えないと思っていたバルセロナ大学のイサベル・ビダルが朝7時半にニューヨークから帰り着いてロビーにいたわれわれを発見してくれて、再会することができ、団長の高柳先生からおみやげを渡すこともできた。これをもって、すべて予定通りであったことに感謝しつつ、日本への機上の人となり、またもや赤ワインを飲みながら成田へと飛んだのであった。

　羊飼のごとく、いつも群の数を勘定していた添乗員の吉田女史に感謝申し上げたい。

教会と役所と広場がワンセット

伊藤　淳

　訪問先はスペインなのだが、マドリッドもバルセロナも地名は知ってはいてもどの辺りかの見当もおぼろげで、バスク地方に至ってはゲルニカと分離独立運動しか思い浮かばなかった。

　私のモンドラゴン調査取材への始まりはこのようなものである。パッション＝情熱、シエスタ＝昼寝タイム、バール＝居酒屋のはしご、右肩上がりの経済成長率。どの言葉もスペインにつながっているようで、しかしどれにも代表格の重みがない。ともかく、モンドラゴンの

第3章　広場にバールがよく似合う

背景にあるものを手探りで迫るような気持ちで訪問スケジュールは開始されたのだが、まずこの国を地理的に一括して理解しようとしたことに無理があった。17の自治州の性格がそれぞれ色濃い連邦国家のようで、各々で個性が強そうだ。

中央政府の別称は「マドリッド」であり、通常、「政府」といえば地域の州政府のことを指す。納める税金も、自治州の力が強力であればその取り分は「マドリッド」との交渉次第である。中でもバスク自治州が位置するところは独特なものがあって、まずバスク民族を維持するために、国家との対抗から形成された自治への意識の高さ、そしてわずか数十キロ東にはピレネー山脈を越えてフランスがあり、北には海峡を挟んでイギリスがある。

いまやEUが現実のものとなりバスクの人びとの目はますます「マドリッド」から離れ、欧州へ向けられているが如しである。

モンドラゴンは、この地盤の上に、仕事を興し、雇用を拡大してきたが、地域の発展に手足を使いながら、その目をヨーロッパにも向け、世界各地をも視野に入れてバスク地域と世界双方に事業を発展させようとしている。背景にあるバスクとスペインとヨーロッパに連なる広い空間とともにモンドラゴンを理解しなければならないだろう。

こうして見れば、モンドラゴン協同組合の基本原則の一つである「バスク地域の社会変革」というのも身近なところでとらえられそうだ。滞在中の町の一コマが思い浮かぶ。

モンドラゴンの町に限らずどの町にいっても教会と役所と広場はワンセットである。夕刻になると住民全員が集合したかと思うほど広場は老人、こどもと母親、帰宅途中の勤め人であふれ、こどもたちは遊びに、母親たちはおしゃべりに熱中し、市民たる人びとはただの散歩に励む。教会では結婚式、あるときには葬式にこれまた住民がわんさと集い、式終了後も世間話と情報交換に余念がない。人びとの生活習慣のひとつなのだが、住民の絆と地域にこだわりつづける土壌がまだ残っている。働くこととこのゆとりは一体のものであり、MCCが根ざしているのは家族と住民の生活を豊かにしてくれるこの地域にある。

それがあるから協同して、労働した成果と活動の多くを地域に振り向け、より向上させるための改革に努力するということなのだろう。つまりは、グローバルな思考とローカルな活動共に重要なのだ。

バスク人は、「働きもの」という評価が高いらしい。モンドラゴンもその血筋にあるのだろうが、「律儀」な働きものというイメージではない。歴史をみても、労働が主体であり労働が人間を変革するというテーマを追求してきてはいるが、理念だけではなく、例えば効率や利潤も重視するが人間的な労働、働きがいとの天秤にかけて、つまり「均衡」を図ることについては柔軟な対応をしてきた。だからモンドラゴンでの「労働の目的」を自己流に解釈すれば、「利益と余裕と変革」と見出すことができるようにも思えてくる。

バールは立ち食い喫茶兼居酒屋
大石不二雄

モンドラゴン協同組合複合体（以下MCC）の凄さは何だろう？
MCCの掲げる基本理念が私を惹きつけるのか？
約40年間で成し得てきた人間的企業としての急成長が魅力なのか？
資本主義社会でのあり方を示しているのか？
さまざまな疑問と期待を抱いてスペインへ旅立った。

鹿児島出身の日本人のガイドさんが、「スペイン人を怒らすな！」と注意してくれた。細かいことを言うと怒り出すそうだ。それは「絶対に過ちを犯さないのは神だけだ。だから他人の過ちは大目に見よう。自分の過ちはもっと大目に見てくれ！」との意味だそうだ。カトリック宗教への信仰が強いことと、おおらかな性格のスペイン人を表していて面白いと思った。

宗教と言えば、スペインでどこの町や村を訪ねても必ず歴史のある立派な教会があった。特に印象に残っているのは、モンドラゴンの隣町のオニャーテという小さな村に向かう途中で寄った、岩山の頂に建てられているアランサス教会、サンセバスチャンのカテドラル教会、

バルセロナの大聖堂である。アランサスでは、神父さんから祭ってあるマリア像の話を聞くことができたし、ミサが行われている中に混じって見学もした。日本の宗教儀式とは全然違う威厳があり絶対性を放っていた。

またどこの街でも、教会の前には大きな「広場」があり、教会の反対側に市役所があった。その広場に夕暮れともなると、老いも若きも大勢の市民が繰り出して盛装して町中の人がお祭りのように集まってきてわいわいと話していた。横町にあるバールで一杯やってはまた別のバールに行って、はしご酒をするそうだ。どこへ行ってもそのようだったから毎日のことなのだろう。人と人のコミュニケーションが自然にできている風習なのだと感心した。

バールは、立ち食いの喫茶店兼居酒屋という感じである。カウンターには、たこやいか等のサラダ風の冷たい料理、煮物、揚げ物がずらりと並び、「これ」と「これ」と指さして選んで小皿に盛ってもらい、つまむのが「タパス」というのだそうだ。食文化も大変気に入ったものだった。

フランコの政権下の貧しい村の、村興し、仕事興しから始まったモンドラゴンは、スペイン特有の歴史性、宗教性、文化性、と言う土壌にしっかり根を張って大きく育ってきた。ゲルニカにある、太い枝を突き出し緑の葉を生い茂らせている、あの「樫の木」のように感じた。今その「樫の木」に、資本主義の市場原理、新自由主義の嵐が襲いかかっている。樹は大きく揺さぶられても、凛として天に向かって伸びていく。その太い幹には、人間性と連帯というイデオロギーが流れていた。

挑戦する精神の強さ

窪田之喜

・バスク第一印象

ビルバオ、ゲルニカ、モンドラゴン、サンセバスチャン、バスク地方の第一印象は、日本に似ていると感じる親しみであった。緑が多く、そう高くないが山並みが続き、海がせまる。

初日、ロンドン経由でビルバオに着いたのは夜遅くであり、次の日、ゲルニカを訪ねるのが明るいスペインの第一日目であった。その整備された自動車道路沿いには、ニセアカシア、プラタナス、ポプラ、柳、松など日本でも見かける木々が目立ち、雑木林、人工林と共にあまり別の国に来た感じがしない。緩やかな丘陵地だけでなく、かなりの急斜面地まで羊や牛の放牧地が広がっている。こちらは日本とは別世界であった。緑の広大な公園のようでもある。

ただ、道路建設で掻ぎ取られた赤煉瓦色の山肌をみると、それほど肥えた土地ではないと感じた。バスクは、南米への移民を送り出していた歴史があり、働く者の仕事場を働く者自身で創り出そうという協同組合運動も、何とか移民しなくても暮らせる仕事と社会づくりという発想と無縁ではなかったという。

私は、ゲルニカに向かうバスの中で美しい緑と赤い山肌、移民と協同組合運動という創造的な試みについて考えながら、どこかで似たような話に出会ったように思った。沖縄、美しい緑の島・伊江島の阿波根昌鴻さんの話であった。若い頃南米に移民し、帰国してからは島の人びとが働く農場をつくろうと努力し、戦後、これを阻む米軍の土地取り上げとの闘いとなり、そのリーダーになる。

ともかく第一印象は、「似ている」ということであった。親しみを覚えた翌日から、素晴らしく生真面目にハードに学習する日々となった。詳しくは、他の方々のレポートに記録されているので、私自身も楽しみにしているところである。

第3章　広場にバールがよく似合う

・創造的挑戦と世界的競争時代の試練
　スペインの大学生が就職したい企業の第2位がモンドラゴングループ（MCC）であり、スペインのスーパーマーケット業界第1位はMCCのエロスキである等々の事前情報に驚きつつ、ともかく見て、感じて来ようというのが私の参加意識レベルであった。結果は、予想したよりはるかに刺激的であった。
　まず、現在到達している規模の大きさと急成長の姿に驚いた。例えば、協同組合員数22,000人を含む働く者42,000人余。しかも、93年度実績では、25,870人と紹介されていたことからすると急成長ぶりが目立つ（これは、エロスキが他の流通協同組合等を吸収合併してきたことが主要因らしい）。
　また、MCCは、生産、物流、金融・共済、教育、研究と大きな広がりをもち、堂々と社会の一角を形成していた。
　次に、「挑戦する精神」の強靭さに驚いた。精神的理論的リーダーとなったアリスメンディアリエタは「この地球は、私たちに見るために与えられたのではなく、変革するために与えられた」と説き1943年の専門学校設立から、この運動をスタートさせたという。この学校の5人の卒業生がストーブ製造工場を起こしたところから、現在までの発展の軌跡をたどることになる。ここでの基本精神は、働く者自身による働く場の創出であり、「労働の資本に対する優越」という理念である。このような運動が、少人数の段階はともかく、大規模的に発展してもなお普通の資本主義企業に変質することなく存続している秘密は何なのだろうか。
　さらに、グローバリズムとEU統合発展のなかで、MCCはどう生き抜くのだろうかという率直な不安と期待が錯綜する旅でもあった。エロスキがこの10年間で売り上げを10倍にしているのは、EU加盟による競争激化の下での合併・拡大方針と関連している。今、エロスキの17倍の売り上げを誇るメトロなど世界の巨大流通資本と戦わなければならない。さらなる規模の拡大を求められるとき、協同組合運動の哲学をどう貫き得るのだろうか。

・憲法と協同組合法、福祉国家理念

　法律的には、1978年憲法第129条2項に「公的権力は企業における参加の各種形態を効果的に推進し、また協同組合を十分な法制でもって振興する義務がある。さらに、労働者が生産手段の所有にアクセスできるように手段を定める」と規定している。スペインではこの憲法下で協同組合法が制定され、働く者の協同組合運動は、しっかりした法的根拠を獲得しているのである。

　日本国憲法は、第25条で「全て国民は、健康で文化的な最低限度の生活を営む権利を有する」、「国は、全ての生活部面について、社会福祉、社会保障及び公衆衛生の向上及び増進に努めなければならない」と定めている。人権保障が憲法の目的であることからすれば、全ての人が人間らしく生きる権利をうたうこの25条が憲法の要であると私は思う。これをシステムとして実現し実行してきた先例は北欧であろう。

　福祉国家の理念は、誰もが人間らしく生きる権利を保障する、その手段として強い者には相応の負担と経済活動の規制を加え、弱い者には保障システムを用意するというものである。この規制と保障の構造を解体し、強い者はより強く自由に利益追求できる社会を目指す、それが新自由主義・グローバリズムである。スローガンは規制緩和。この野蛮な資本主義の先祖帰りとも言うべき流れに対して、それぞれの国民はどう抗し、働く者の世界的連帯をどうつくるのか。

　日本は今、介護保険をはじめとする福祉・医療改革、そして新自由主義的教育改革、労働法制、金融・財政、地方自治、全てのシステムの大激動期に突き進んでいる。

　今その時にあたり、北欧福祉国家の先例とバスク協同組合運動の実例は、事実の力をもって教えてくれる学びの対象であり、共に歩む仲間でもあるとの実感を強くしている。

　なお、私も学びの旅を続けたい。少なくとも、この激動期の経過をつぶさに見る必要があるだろう。

知らない町への旅
坂根哲也

・旅立つ前の思い

　モンドラゴン、この不思議な名前の町については、昔から父に何度か話を聞かされていた。98年も父は、私も参加をしたロシア・ポーランドへの取材旅行から帰国した後で、「次はモンドラゴンへ行く！」と叫んでいた。

　父がこれほど興味を持っているモンドラゴンという所は一体どんな所なのか、一度行ってみたいと思う気持ちは多分にあったし、私自身ただ単純に三度目の海外旅行に行きたいという願望も強かった。「モンドラゴン」なんて、普通の人なら聞いたこともないような名前の町に行くと言うだけで、すごく面白い旅になるような予感がしていた。

　しかし、最初に私が直面した問題は、私が98年のロシア・ポーランドへの取材旅行に連れていってもらっているという事実だった。その年、私の弟は受験中で旅行などはかなわず、私が参加することにすんなりと決まったのだが、今回は弟も大学生になったので、順番からすれば彼の方かな、と思ったりもしていた。実際に、弟が行くことになるのであれば、今回は弟を連れていくと父には言われていた。（二人一緒に連れていく余裕はないとのことで、その場合は私は参加を見送ることになる。）ところが、幸か不幸か、弟は都合が付かず、結局、スペイン旅行は再び私が行くことになったのである。（旅行の日程が10月になったため、大学の方は旅行の間だけ休む羽目になってしまったが、大学の面白くもない授業に出席するよりも海外旅行に行くことを選ぶことには何の迷いもなかった。）

　また、98年のロシア・ポーランドへの旅行においては、事前に全くといってよいほど勉強していかなかったことを痛感していた私は、今回こそ少しは事前学習していこうと思い、自分なりに少しはやった（？）つもりだったが、それがどれほど役に立ったかは分からないし、結果として今回も勉強不足だったことは否めない。何にせよ、今年も旅行に連れていってもらえることに感謝しながら、期待に胸を膨らま

せて、出発の時を待っていた。

・**スペインにて**
　10月4日、日本を旅立った私達一行24人は、ロンドン（ヒースロー空港）を経て、合計約14時間のフライトの後、最初の宿泊地であるビルバオという不思議な響きのする都市に降り立った。この都市を皮切りにスペイン・モンドラゴンの旅は始まった。今回の旅行で、私はいろいろな町に行った。（ビルバオ、サンセバスチャン、ゲルニカ、アラサテ、オニャーテ、マドリッド、バルセロナ……、その中には、みんなで楽しく飲んだバールやピカソ、ミロ、ベラスケスなどの見る者に強い印象を与えるような絵画が飾られているプラド美術館を始めとする種々の美術館、各地で立ち寄った教会や修道院、もちろんこの旅のメインである取材先がある。）
　旅行中に私が思ったことの一つに、98年のロシア・ポーランドと全く雰囲気が違うなぁ、ということがある。何しろ街の明るさと人びとの表情が違う。もちろん同じような雰囲気を持っていると思っていたわけではないが、なにせ、私はスペインに行くのも、スペイン人に会うのも初めてだった。
　スペインに着いてまず感じたことは、気温の問題だった。旅行前の私はスペインというと、真っ赤な太陽が照りつける、とても暑い国のイメージでしか思っていなかった。ところが、とりわけバスク地方では朝晩は多少冷え込むし、日中でも涼しいぐらいだった。10月という時期のせいかもしれないが、とにかく私が従来抱いていたイメージとは違うものだった。
　しかし、それもバスク地域に滞在している間だけのことであった。マドリッドやバルセロナでは、強い日差しが照りつけていた。そう言えば、雨が降ったのもバスクにいる時だけだった気がするし、バスクでは木々が青々と茂っていたが、南に下るとそんなことはなかったように思う。やはり、スペインの中でも、バスクというのは「山と谷と川」という点で少し違ったところなんだと思えた。

また、スペインに行ってみて、思っていた以上になんて明るい国なんだろう、という印象を受けた。スペインの人びともそれぞれがいろいろな問題を抱えているだろうに、みんな陽気で明るい人ばかりだったように思った。感情表現が豊かで、体全体を使って自分の気持ちを表しているように思えた。（それはスペイン人に限ったことではないのかもしれないが。）それは、今まで築いてきた歴史と文化のせいかもしれないし、ラテン系の血のなせるわざかもしれない。（バスク民族はラテン系ではなく、その起源も定かではないというが。）とにかく、スペインは再び訪れてみたいと思わせるところだったし、いつかまた行きたいと思う。次はぜひ闘牛やフラメンコなども見てみたいものだ。なお、父は三度の訪問にもかかわらず、一度も見ていないのだそうだ。

・私なりのこの旅行の意味
　今回も、98年に引き続いて、このような文章を書くことになったが、普段から文章を書くということに慣れていないせいか、非常に苦手としている。もし、またこのような機会があれば、その時はこのような文章を書くこと無しに参加したいものである。しかし、父と共に、父の費用負担でこのような旅行に行く限りは、そんなことはあり得ないのだが。
　さて、旅行中、私は父とほとんどの行動を共にしていた。当然父について考える時間が普段よりかなり多かったと思う。私が物心ついて以来、父はいつも忙しかった。私がまだ小さかった頃はそのことについて考えても解るわけもなく、ただ受け入れるしかなかった。大きくなるにつれて私は、何故父はこんなに忙しいにも関わらず働き続けているのだろうか、と考えるようになった。父が何のために会計士として働いているのか、会計士として働くことで得ているものや味わっているものは一体何なのか、という疑問を抱くようになったのだ。現在、私は父と同じ職業である会計士を目指しているが、その理由を知りたいというのが、会計士を目指すようになった動機の一つである。私が

会計士になったとしてもどのような道に進むかはわからないが、なってみれば少しは父の考えていること、やろうとしていることが分かるのではないか、と思ったからである。今回の旅行においても、漠然とではあるがその理由の一端を垣間見ることができたような気がする。もちろん、私は協同組合組織がどうとか難しいことはよく分からないが、私が知りたいことに少しは近づいた気がする。また、父が普段言っている「非営利・協同」とはいったい何であるのか、ということもある。私が父の息子である以上、私がこのようなことを考えないわけにはいかないのである。そう言った意味でも、今回の旅行は私にとって非常に有意義なものであったと思う。

　父は、次回は弟を連れていくと言っているが、きっと弟にとっても良い経験になり、いろいろ考えさせられるに違いない。（できるなら、私も次回も行きたいものだ。）

非営利・協同の資本論

坂根利幸

　「グローバルスタンダード」という錦の御旗を押し立てて、欧米のなかんずくアメリカの巨大資本が全世界を徘徊している。儲かるところ、少しでも利ざやを稼げるところに、まるでゲームの如く、電子と化したマネーが飛び交っている。「赤い妖怪が世界中を……」と表現した偉人の言葉を思い出す今日であるが、わが国でも金融ビッグバンを始め、会計革命といわれる如く、税効果会計やキャッシュフロー計算書、401K会計などと、周りじゅうから攻めたてられている。我が住む世界は、巨大独占資本に凌駕され、新興電脳資本に食べ尽くされてしまうのか、それとも少しでも「人間らしく」その尊厳を護りつつ生きていける世界があるのであろうか。

　その解答を見出すべく、この30年間探し続けている自分がいる。人間を疎外し、労働を差別し孤立化させる「資本の論理」が支配する世界にはあまり深入りせずに、「人を人と思い」、「労働の尊厳を大切に

し」、「差別のない」、「心と想い」をかき立てられる世界へ、いつの間にか引き寄せられている自分がいる。今風に言えば、「非営利・協同」の世界だった。私の関わるこの非営利・協同の分野で、現実の数々の諸困難や課題の前に、ともすれば怒り、ともすれば戸惑い、ともすれば躊躇う日々の連続である。

　80年代の後半に、バスク・モンドラゴン協同組合群を皮切りに、ユーゴスラヴィアの自主管理企業、イタリアの協同組合レガ、西ドイツの労使共同決定の実践などの現地取材に参加する機会があった。数字や指標だけでは割り切らない世界を求めながら、割り切れない現実の前で蓄積されるストレスの発散解消をも兼ねて、西欧の非営利・協同の取組に「解答の一助」を見出そうとしていたのである。このうち最初の取材先たるバスク・モンドラゴン協同組合群は、私にとってまさしく「一助」となった。私にとっては、「働く」ということへの認識理解の革命をもたらしたものと言える。

　あれから10年余、非営利・協同の業務の拡大の中で現実課題と日程消化に埋没していた私は、「再びの旅人」を目指し、98年には非営利・協同の国造りをするはずであったロシアを訪問し、そして99年秋、三度目のバスク・モンドラゴン取材を実現した。

　10年ぶりのモンドラゴン協同組合群は、組織や制度の改革、改変を伴いながら、ＭＣＣという大きな企業グループに成長していた。西欧資本がEC統合という一大戦略を梃子にして、虎視眈々とスペイン進出を狙っている。その武器は圧倒的な「資本」の力量である。単に資金量というだけではなく、強い意志を帯びたマネーである。

　これに対してＭＣＣは、「資本は労働に従属する」という原則を掲げて、自らの「資本」の蓄積・拡大で対抗しようとしている。しかしまた、この協同組合資本も、民間独占資本に負けない強力な「意志」を内包する「非営利・協同」の資本なのである。バスク民族独特の「赤いベレー帽」に因めば、まさに「赤い帽子の資本」と言えよう。

　ＭＣＣの「赤い資本」がその色を薄めるようなこととなれば、秘めたる意志は影を潜めつつ民間資本と「資本たる区別」が消え去り、独

占資本の圧倒的な物量の前に打ちひしがれる事態となりかねない。そうならないために、資本の色をより鮮やかに維持するために、MCCの40年間の歴史が存在し、新世紀を目前としてのその前史が第三世代に正確に受け継がれていくのかどうかの正念場である、と理解している。

　協同組合資本論という議論が古くから存するが、非営利・協同の資本論などはない。学者でも何でもない私が議論することではないが、MCCの「資本」の意義とその実践的取組は、この議論に数々の命題を与えている。

　第一に、独占資本が資本市場で巨額の資金を調達する仕組みに対抗しての、働く労働者が相当額の資金を拠出し合う取組課題である。モンドラゴン協同組合では約22,000人が労働者協同組合員であり、平均して150万ペセタの出資金を持ち寄っている。合計金額を円換算すれば、240億円前後の出資金と算定される。今回の取材団の多くが所属する全日本民医連の4万人強の職員集団に適用すれば440億円相当である。同団体のその実態は職員労働者ではない利用組合員らの出資金金を加算して約600百億円強であるが、労働者職員らの出資拠出金等の平均値はMCCには及ばない。しかし、労働者職員らからの借入金資金の募集を含めれば極端な差とは言えないかも知れない。一方、わが国の非営利・協同の事業体でこのようなレベルの組織を見出すことはできない。色つきの資本（資金）を相当に募集することはわが国では簡単ではない。

　第二に、非営利・協同の資本は、市場で自由に譲渡しうるものではなく、集団的、協同的に出資所有し合っている資本であることが大切であると思っている。すなわち非営利・協同の資本は「不分割的」に存在することで、個の意志を集団化の中で強化し、強力な色と団結した意志を帯同する資本であることを明確化し続けていくことが大切である。代々相続するとか、誰かに勝手に譲渡するとかはしない、もしくはなし得ない仕組みと理解が必要である。MCCでも、出資持分の相続はありつつも半年以内に協同組合員として就職することが要件と

なっている。当該組織で働くことはなく配当等を期待する人びとは組織しない、ということを意味する。

　第三に、非営利・協同の資本は、なるべく均等拠出が望ましい。MCCの実践でも、それぞれの単協では当初出資金額は均等であると説明されている。わが国の非営利・協同の組織の実践例では、極めて多額の持分出資を制限しているものの、必ずしも同様の取組ではなく、むしろ一定の多額の拠出者が存する例も多い。非営利・協同の職員労働者らが等しく、あまねく拠出する取組が必要ではないだろうか。その中で不均等の拠出の解消が図れるのだと思う。

　第四に、わが国の非営利・協同では、出し入れ自由の出資金の例も多いが、MCCの取組は原則として「脱退時の払い戻し」である。もっとも先に述べられた通り、近時のMCCでは、協同組合員時代に即ち離職前での一部払い戻しの取組もある。しかし、数値を見ている限り大量の払い戻しなどは存在しない。預金金利よりも高いハイレベルの割戻金が付される実態が支えていると推量される。わが国の例では、退職前に払い戻される例や、退職後も持ち続ける例など、考えるべき事柄が多い。

　第五に、MCCでの「協同組合資本」即ち前述の「顔の見えない資本」ないしは労働者協同組合員の出資金等へ還元しない利益部分の拡大強化という点である。MCCでは、剰余金の配分で、法定の準備金・積立金について、法定限度を超えて積み立て等している。それは結果として各人の出資金口座には還元されない利益蓄積を意味し、その分、「顔が見えない資本」、協同組合自身が活用しうる資本の増殖を意味する。MCCの現局面での集団的色彩としての資本の蓄積強化に他ならない。協同組合の不可分的資本の蓄積の課題については歴史的にも議論が存するところである。いわんや非営利・協同の世界ではその理論構築と実践的取組は次世紀を待つしかない。

　第六に、非営利・協同の資金と支払配当の課題である。非営利・協同の世界ではわが国の消費生協の利用高配当や出資配当の実践があるが、非営利・協同全般ではこの取組も歴史が薄い。配当等し得るほど

の剰余金の獲得段階での課題が底流に横たわっているからであろうか。配当等の是非の議論がある。またＭＣＣの実践のように、一律配当率で算定することではなく、労働者の働き度の評価で算定する仕組みを構築実践している非営利・協同は他に見出すことが不可能な現況である。徘徊する似非妖怪に対抗し、人と労働、即ち労働者の誇りと尊厳に重要な意義を見出し、「労働こそが資本に優越する」という命題に果敢に挑戦し続けるバスク・モンドラゴンの創造的実験の意義がまさにそこにあると言っても過言ではない。非営利・協同の資本の議論はまだまだ尽きないが、またいずれの機会としよう。

バールの文化
高津 司

　旅慣れないわたしには、異国の街路を歩くことは、ちょっと不安をともなうことである。言葉も相互に通じないので、お店に入っても落ち着かないものである。そのスペインの街で、なんとも心やすまるところがあった。

「バール」は「バー」からくる言葉か。日本では、居酒屋といったところだろうか。

　スペインのバールは、どの町にもたくさんあり、開放的で、手軽な値段で楽しめるのだ。「セルベッサ」と、最初に覚えた「スペイン語」で声をかけると、間違いなくおいしいビールがでてくるのである。とにかく喉の渇きは癒せることとなった次第である。それぞれのバールの店のカウンターには、タパスという酒の肴や、軽い食事になるボカディージョというサンドイッチなどの料理がずらーっとならんでいる。これも言葉がわからなくても、「これっ」と指さして頼めるので安心である。赤ピーマンの色が食をそそり、ソーセージ、いわし、いかなどが豊富に並んでいて安い。

　店の中の細長いカウンターや、歩道に出たテーブルで、おもいおもいに楽しめること間違いなしである。しかし町々によって、バールの

第3章　広場にバールがよく似合う

雰囲気は幾分違うことも分かった。
　最初の宿泊地のビルバオでは、どっしりと落ち着いた町にふさわしく、飾り気はなく、きちっとしたすっきりとした店づくり。二つ目の宿の位置するサンセバスチャンは海辺のリゾート地で、豊富な海産物が特徴。最後のバルセロナでは、歩道に並んだテーブルで、ライトアップされたガウディによる建物を眺めながら一杯、格別の味と言える。
　モンドラゴン協同組合を見学した夜、山の上の修道院を訪れた後、隣町のオニャーテを訪ねた。ＭＣＣの人たちとの交流会を催すレストランのある街であった。モンドラゴンと同じように山の中の町である。いくつかの協同組合もあり、モンドラゴン大学の「経営管理学部」もある。古い大学の建物を見た後、古い町の教会に入ってみた。
　ひととおり教会の中を歩いた後、目の前の「街の広場」に出た。広場は、その教会と、向かい合って建っている町役場らに囲まれた石畳の場所である。この、「教会と役場と広場」という組み合わせは、あちこちの町で見られたもので、旅が進むとともに見慣れた光景となる。
　夕暮れ時になると、広場は家族連れでにぎわいはじめるのだ。おじいさん、おばあさん、父さん、母さん、子供たちが三世代揃ってそぞろ歩いている。おじいさんとおばあさんはちょっとお洒落して、不自由な人は車イスを押してもらって出てきている。
　広場から石畳を歩いて路地廻ると、数軒ごとにお待ちかねのバールがある。その一軒に入って、さっそく「セルベッサ」を頼むのである。小さなグラスが100ペセタ（約80円）、大きなグラスが200ペセタである。この地の習慣は、バールのはしごという。一軒のバールで一杯ずつ飲みながら、数軒まわるのだそうだ。そうするうちに、一晩で、町のかなりの人と顔を合わせ、語りあうことができる。人の噂話なんかは無し、町の政治のこと、そして協同組合同士のこと、仕事のこと、暮らしの情報交換も。こうして町の人たちは町と文化について共有し合うのである。単なる広場でもバールでもなく、街と文化の原点と言える。
　50数年前、何もない、貧しい、出稼ぎ労働者の多い谷間の村ではじ

まった協同組合運動モンドラゴン。これが、仕事・雇用を生み出し、モンドラゴンをスペイン有数の企業体に発展させた。と同時に、村人が老若男女、集いあって過ごせる暖かな町をつくりあげたのだ。
　私たちが今模索している非営利・協同の運動は、ひとが生きていく生活の場である地域を基本にし、大切にする。非営利協同の運動と、いつまでもすみ続けることのできるまちづくりの運動は、一体のものであることを肌で感じることができた。そして、その大事なところに、「バール」がすわっている。……私の、手前勝手な解釈かもしれない。

モンドラゴンと民医連を比較して
千葉周伸

　数日間滞在し、概略を見てきただけであったが、私たちの到達がモンドラゴン（以下ＭＣＣ）と比較して遜色のない水準であり、総合的に見れば民医連が非営利協同の組織として、世界的なこの分野の発展に貢献できるところが大きいと感じた。このような機会を準備された坂根公認会計士、コーディネーターの石塚先生、さらには診療の穴埋めをしていただいた皆さんに感謝申し上げる。

・ＭＣＣの基本理念とその発展
　創始者であるアリスメンディアリエタの基本理念で注目すべきものは、
①資本に対する労働の優位、労働者の自発性の重視と資本蓄積の必要性、
②雇用の創出と地域連帯、社会変革への貢献、
③技術と教育の重視、
④組織の民主性、
などで民医連と共通する所が多いと思う。40年代に専門学校をつくり、50年代に製造業の労働者協同組合から出発し、今日では銀行、製造業、消費者生協を中心に130余りの協同組合、4万人の職員（労働者組合

員は2万人)、事業所数はコンビニエンスストアを含め3,000以上の規模とのことである。

　銀行を除く年間売上高は6,000億ペセタ（約4,500億円）なので事業規模は民医連と極端な相違は無いが、バスク自治州に主要な部分が集中しているため、経済的な影響力はMCCの方が遥かに大きいと言えよう。

　EUの成立によって、物流、資本が国境を越えて自由に移動する時代を迎え、MCCは全く新たな段階を迎え、激しい国際的競争に直面しているようであるが、スペイン全土への展開と海外進出で多国籍企業との競争に生き残りをかけている。

　EUによる市場解放に対して、MCCは積極的に賛成したようで、多くの国内企業が没落することについては仕方がないという返事だった。その政治的な立場には物足りなさを感じつつも、「闘いと対応」のような発想をする政治的な条件がないことが、民医連と大きく異なっているところだと感じられた。

・労働者（生産者）協同組合
　MCCが日本の協同組合と異なるのは、労働者協同組合がMCCの中心的な構成をなしていることである。日本では、購買生協や医療生協などの消費者生協が協同組合運動の中心であり、労働者協同組合が法的に認められていない。労働者協同組合は西欧諸国では近年急速に普及しているようだが、消費者生協との大きな違いは職員労働者が協同組合の出資者であり、被雇用者ではないところである。従って労働組合は必要とされず、被雇用者保険も適応されにくいのに対して、消費者協同組合は利用者が出資者であり、職員は被雇用者として労働組合を通して経営側と向きあう建前である。

　（私が所属する医療生協は消費者生協だが、実態としては労働者協同組合的な性格が強いと思っている。医師はじめ職員の多くがかなりの出資金を拠出し、住民を協同組合に組織する役割の中心を担い、理事会構成は地域出身者と職員選出者がほぼ同じ比率になっている。）

さて、ＭＣＣは賃金労働者の雇用を最小限にする政策をとっているが、その理由は被雇用者が搾取や雇用調整の対象になりやすく、協同組合の理念に沿った自覚的な労働者になりにくいというところにあると理解される。
　このような前提に立てば、非営利協同の組織は賃金労働者を雇用すべきではないということになり、日本の現実から離れた議論になりそうにも思える。
　日本では、「歴史的使命」を自覚した賃金労働者が非営利協同組織の大義のために、地域の利用者や経営側と連帯する条件が現段階では優位だと思うのである。
　理事会側から考えると労働者協同組合は職員全員が出資者＝経営側なので、労使問題としてではなく自営業者集団の協同労働を組織することに専念できるのかもしれない。
　非営利協同の組織において、賃金労働者がその大義を理解せず、物取り的な労働運動を行ったり、理事会側が組織の大義や民主運営を放棄して労働者の権利を侵害し営利主義に向かう時などは、非営利の運動自体が存亡の危機に直面してしまう。
　このような危険性がより少ないという意味で、労働者協同組合には一定の安定感があるかもしれないが、ＭＣＣが労働者協同組合を選択した最大の理由はこうした事情ではなく、物を生産し、雇用を拡大し、地域の産業を興すにはこの形態の協同組合しかなかったのだろうと思われる。今日、わが国で労働者協同組合的な組織が注目されているのは製造分野ではなく、福祉やサービス等での雇用拡大という関係が大きいと思われる。ＮＰＯ法が成立しても、実際上は非営利組織の発展に制約が大きく、労働者協同組合の法制化は日本の非営利協同の発展にとって新たな可能性を生み出す意味があるのではないか。

・ＭＣＣと政治的立場
　ＭＣＣは、特定の政治的な立場をとらない点で民医連とは違いがはっきりしているようだが、詳しいことはわからなかった。民医連は社

会保障制度から平和・民主主義など関心を持つ政治課題にも積極的にかかわる点では単なる経済団体、医療団体ではなく「綱領」という共通目標で結ばれているところに特徴があり、外部からは間口の狭い団体と思われているようである。政治と距離をおいているように思えるMCCが、比較的に幅広く組織を拡大できることは当然であるが、民医連がそうあるべきとは思われない。

　問題は、政治判断の基準が今日の状況に即しているか否かであり、幅広く国民の指示を得られる窓口を設定する点で、改善の余地がないかということである。憲法を基準にすることはこの10年来の総会方針で確認しているところであるが、綱領やその解説面ではもっとわかりやすく今日の時代の政策課題や視点を示す必要があると思っている。「階級的な立場」、「国と資本家の全額負担の社会保障制度」、「医療戦線の統一」などの言葉について全面的に否定するものではないが、若い世代やより多くの国民に呼びかける言葉としては検討の必要があると思われる。民医連からの提起が介護保険などで大きな世論を作り出している現状にふさわしく、今日的な医療福祉の宣言を新しい感覚と言葉で発する時期だと感じているのである。

　モンドラゴンの視察は、結局のところ民医連への関心にすり変わってしまったが、21世紀が民医連の発展へつながる予感だけは確かなものとなった。

もっと自由でもっと平等な地球を

西原博子

　モンドラゴン訪問の最後の晩、MCCの方たちとの夕食交流会があった。幹部のラランニャーガさんは「もっと自由でもっと平等な地球を望んでいる人たちが日本にも大勢いることを知った。東と西で共に歩いていきましょう」、そう挨拶して、私たち一人ひとりの肩を抱きしめた。

　モンドラゴンの「社会的経済企業＝非営利協同組合」は混迷する世界経済の中で注目を集めると同時に、新たな試練を迎えている。その

なかで「もっと自由でもっと平等な地球を」という言葉は、シンプルで力強く、嬉しくなってしまった。

＊

　断片的だが、印象に残った言葉や場面をあげてみたい。
　ファゴールの冷蔵庫工場。工場内はうるさいので、一人ずつイヤホンが渡される。ジェームス・ボンドをやさしくしたようなヒゲのジェスマンさんの声が直接耳に入る。工場内はベルトコンベアで動いているが、日本の工場と比べると何十年か前の雰囲気である。日本ならすぐに人減らし「合理化」が進むに違いない。
「労働者はグループごとに一つの工程を受け持ち、そこの仕事は誰もができるようにしている」とのこと。つまり、ねじ回しばかり一日中やるなんてことはない。効率は追及するが、人間的な労働を追求する。なにより、機械化のために働く場を奪うことはしない。みんなでがんばればいいじゃないか、というように思われた。
　造っている冷蔵庫はシンプルで4～9万ペセタと安い。一方、外国製の高機能の冷蔵庫もバルセロナのデパートには並んでいたが、値段は20～30万ペセタだった。
　98年5月の大会で確認されたモンドラゴンの目的の一つに「顧客の満足」と共に「社会的関与」がある。これは良い仕事をすること、そして生産と消費がリンクして社会的に貢献できるようにすることだという。
　高級品が欲しい人はどうぞ高いのを。われわれは自分たちが買える程度の冷蔵庫を造るのです、ということなのかな。
　アグネス・チャンさんが「日本はみんながいい服を着て、いい家電製品を持つのが当たり前と思っているから暮らしにくい。背伸びしないといけなくなる。みんな周りを気にしすぎる」と言っていたのを思い出した。

＊

　労働金庫でのアスカバラさんの話。
「仕事がなくてアメリカに移民する人もいた。そうしなくてすむよう

第3章　広場にバールがよく似合う

に仕事興しとして協同組合企業を創り、労働金庫を創った。銀行だなんて初めは考えもなかった。お金が必要だから集めたんだ」
「銀行の経営幹部を連れてきたかったが、月給を２万ペセタ払わなければならなかった。当時ファゴールの社長が６千ペセタだった。われわれの銀行は、工場でねじを作っていた人が携わったのだ」
「賃金の格差は、10年少し前までは１対３だった。今は１対６。６は労働金庫では社長一人だけだ！」

　モンドラゴンで驚くことの一つは、やはり賃金格差がほとんど「３対１以内」ということだろう。
　ここには二つ意味があると思う。一つは、モンドラゴンの幹部たちが、金銭的な報酬以外の生きがい・働きがいを大切にしているということ。もう一つはヨーロッパの多くでいえることのようだが、基本的に「同一労働同一賃金」で、住宅とか教育、病気、失業、介護など、年をとるごとに必要になってくる生活上の費用は、社会的に保障するというあり方を労働者階級が勝ちとってきたということだ。
　この不況下、「同一労働同一賃金」「生活を支える社会保障」の重要性をつくづく思い知らされる。フランスでは「35時間労働制」で雇用が急速に拡大したと報じられている。文字どおり労働者の団結が雇用を守っている。
　日本では不況を口実に労働者の権利などどこへやら。「雇用の流動化」が進み、失業率も戦後最悪。その上、社会保障も軒並み切り捨てである。
　モンドラゴンでは「労働の資本に対する優越」という原則を何度も耳にした。資本は企業発展のための道具として労働に従属する、というのである。
　具体的には「労働者はすべて資本参加する。雇われるだけの賃金労働者は原則として雇用しない」とか「報酬の分配については、拡大再生産に必要な財源を配分した上で適切に分配する」とか「社会のすべての人が仕事に就けるように雇用の拡大を目指す」ということになる。この一つひとつに感動してしまう。

その底には、労働が自然、社会、人間を変革する基本的な要素だという思想がある。
「給与の連帯性」という原則もある。これは内部的に格差を広げないというだけではない。外部的にも「地域社会の平均給与基準にもとづいた連帯」というのである。
　アリスメンディアリエタのいう「連帯」とは、利益追及社会のなかで生産性や利潤・賃金配分において全体のために寄与することであり、自己犠牲を要求するものだという。実際、賃金格差原則「3対1」というのは、そういうことなのだろう。高いモラルと、全体を把握する力、自治能力が求められる。
　今、格差は広がってきているとはいうものの、これはなかなか凄いことだと思う。と同時に協同組合事業存続のために、企業として資本化し、技術者や専門家を協同組合に定着させるために優遇措置をとるという柔軟性・現実性も持ち合わせている。何よりも人間を大事にし、働く場の確保を最優先に考え抜き、困難を解決してきた実践の組織なのだ。だからこそ、教育を重視し、労働者の技術と自治能力を高めている。
　ユーゴの自主管理があっけなく崩壊してしまったのは、事業継続拡大の資金を用意することをせず、みんな内部的に分配してしまったからだという。石塚先生はさらに「ユーゴでは企業内だけでなく、地域間、企業間での同一職種での賃金格差がきわめて大きく、統計によれば30倍もの差があるものもある。これが『民族紛争』の要因のひとつではないか」と指摘している。
　貧富の差が大きい社会は、まさに心が「戦争状態」の恐怖に満ちた世界なのだ。
　アリスメンディアリエタは「現代においては労働者は自らを市民階級として理解しており、労働者の闘争は物取り的要請ではなくて参加だ。今日の革命は『参加』という名前である」とも言っている。
　かなりの期間、資本主義体制が続くだろうと予測される今日、あらゆる面であらゆる段階で、民主主義に習熟することが、次の時代を準

備するのだと改めて思う。「非営利協同」の事業はその大きな一翼を担う。

　協同組合といっても、基本的価値や目的はいろいろであることもわかった。バルセロナで見学した医師の協同組合がつくった病院は、かなりお金持ちでないと入院できないようだった。

　モンドラゴン協同組合の初心は失業者をなくすこと。常に弱い人の立場に立っているところが、民医連と共通している。民医連がモンドラゴンに学ぶ意義があるのはこの共通性のためだと思う。

　MCC本部のイニアキさんはこう言っていた。
「私たちはあの貧しいときに協同組合が生まれたことを忘れない。人と人の間の、また協同組合の間での連帯を大事にしている」
「モンドラゴンの成長のポイントは？とよく聞かれるが、とても一つには絞れない。どうしても、といわれれば、私は教育を選ぶ」

　最後にもう一つ、夕食交流会でとても楽しいことがあった。MCC幹部のホセ・ラモン氏のお嬢さんとお友だちが、アコーディオン演奏と歌を披露してくれたのだ。バスク地方はアコーディオンの盛んなところで世界コンクールでも優勝しているという。

　最後には、アコーディオンの曲にのって、全員が「ぐるぐる踊り」をした。みんなが輪になって手を振りながらぐるぐる簡単なステップを踏み、曲が変調すると逆回りになったりしゃがんだりする。遅れた人はハンカチではたかれる。それだけの遊びなのだけど、楽しかったこと。

　石塚先生によると「彼らは一晩中でもやっている」のだそうだ。

　理想主義と現実主義がみごとに溶けあい、現在までのところ、すばらしい成功をかちとってきているモンドラゴン。スペインにあって、勤勉で時間を守るバスク人は「変わり者」ということになっているそうだが、「変わり者」なら民医連もひけをとらない。経済効率第一主義の日本にあって、非営利は当然のこと、患者のために必要なことは持ち出してでも実践し、訪問看護を国の制度にまでするなど医療の改

善のために奮闘してきた。

　今、新しい福祉国家づくり、地域コミュニティーづくりをめざしつつ、共同組織・地域の人たちと一緒に新しい事業展開を成功させることが求められているとき、モンドラゴンに学ぶことは多い。モンドラゴンの人たちも、医師・看護婦などの医療の専門家が地域住民と一緒になって共同の事業を展開していることには驚くのではないだろうか。

　なにより同じ志の人びとが、山霧の湧き上がる険しい谷間のあの町で頑張っていると思うと、地球の未来は決して暗くはないぞ！　と勇気がわく。

　もっと自由でもっと平等な地球をめざし、ともに歩きたい。

　さいごに、私にとってのモンドラゴンの「認識的枠組み」は以下のようなものだ。
・基本的価値　平等、連帯、労働の尊厳
・目　　　的　仕事の創出、雇用の保障、人間と社会の発展、自治と自主統治、経済進歩
・指導原則　　均衡、将来の方向づけ、組織的自己評価、開放性、政治的な方向の多元性、情報の自由、協同組合間の補充、協同組合グループの形成、規模の制限

（初めは言葉の羅列にしか見えなかったが、だんだん立体的に見えるようになり、一つひとつに熱い血が通って感じられるようになった。なるほどなるほどと思ってしまう）

日本の医療運動への刺激
根本　守

・期待と不安のモンドラゴン

　昨年のロシア訪問と同様、積み上がった仕事をどうにかこうにか切り抜け、ロンドン経由スペイン・モンドラゴン行きの飛行機に乗り込むことができた。やり残した業務がないかどうか不安一杯であったが、飛行機に乗ればどうしようもない、誰

も追っかけてはこれない、すっきりした気分で一路スペインへ、ということとなった。

　スペインは初めて行く国である。98年に訪問したロシアと違って、ラテンの国だ。食べ物は美味いだろうなあ、と淡い期待を抱いていた。ロシア訪問では最終日の思いがけない「身柄拘束」のせいもあって、2キロ程やせてしまった私である。こたびの期待は祈りともなっていた。

　しかし祈りは届かなかった。深海魚（メルルーサ）と赤ワインの連ちゃんである。いささかあきた。救いは「バール（スペイン風立ち飲み屋）」でのニシンやハム等のつまみものと、同室となったコーディネイターである石塚先生の持参されたみそ汁、お茶（抹茶までひいてもらった）である。石塚先生には、研修での支援以上に食生活で大変お世話になった。深謝である。

　もう一つ不安があった。同行いただいた民医連の諸氏は、それぞれ全国でも音に聞こえた猛者ばかりである。問題が生じないかどうか、無事帰って来られるのか、心配であった。

　行きの飛行機で持参の日本酒に酔い、いきなり「トラ」と化す方がいて、「不安は的中」と思ったが、単なる気合いの入りすぎで、それ以降は順調に旅程を消化することができた。視察団の団結にも感謝である。

・モンドラゴンを訪ねて

　モンドラゴンの視察概要はすでに前章までで触れられているので、モンドラゴンを訪ねての私の感想をいくつか述べてみたいと思う。

　第一に、モンドラゴンの地域性である。モンドラゴンの本部や各種事業体の施設のある地域は、山に囲まれた谷間といって良い。近郊都市であるビルバオやサンセバスチャンから高速バスで1時間ほど入り、ようやく到着するところである。創立者であるアリスメンディアリエタが副司祭として赴任した当時は人口8千人程度の貧しいさびれた寒村、ということであったが、さもありなん、という場所であった。こ

こで事業を興し、協同組合として人びとの仕事場を創っていくことの意義は、十分理解できた。

　第二に、こうした「仕事起こし」としてスタートし発展してきたモンドラゴンは、営利企業形態をとることなく、「労働の資本に対する優越」というミッションに基づき、労働者協同組合という法人形態を選択してきた。モンドラゴンで働く組合員に対する分配のルール（「給与」の１：６基準や利益の処分等）、後継者を育成するための教育機関の存在、「雇用」の維持確保のための共済組合等はこのミッションの具体的適用といえる。（なお、こうした法人形態は、日本の現在の法制度の元では中小企業等協同組合法に基づく企業組合くらいしか見あたらず、企業組合自体も小規模中小企業を前提とした制度となっている。）

　同行者の多くが参画する民医連に加盟する法人の形態は、消費生協、公益法人、医療法人、株式会社等さまざまであるが、モンドラゴンと同様の法人形態の法人は当然ない。しかし、民医連の実践にも、いわゆる民主経営として、職員の法人経営や法人運営への主体的参加が提起実践されており、また、民医連の各法人自体が職員の雇用と生活を守ることを重要な使命としている。つまり、法人形態の差異はありつつも、実質上民医連の職場で働く職員が主体者としてその役割を果たしており、また、果たすことを期待されている。

　したがって、モンドラゴンにおける労働者の経営参画の仕組みやその運用について、法人形態の相違の課題は踏まえつつも、民医連として参考にし、検討していくことが重要と思われる。

　第三に、モンドラゴンの発展の主要要因の一つである自己資本の強化及び安定した資金調達の重要性である。モンドラゴンは組合員一人当たり百万円以上という高額の出資を基礎とし、拡大再生産と「働く場の拡大」、競争力の確保等の為の利益の適正な確保、毎年の利益の諸準備金としての蓄積、脱退組合員への出資金等の返済の５年間留保といった形での自己資本の強化をはかってきた。また、モンドラゴン金融部門ででであるＣＬ（労働金庫）は、バスク有数の金融機関として

発展し、モンドラゴンの生産、流通等の部門に対する資金供給を行ってきた。ＣＬの自己資本比率が、日本の金融機関を悩ませてきたＢＩＳ基準（８％）を超える20％超であるという事実は象徴的である。

民医連経営で、現在の基本的経営方針としての「利益確保の重要性」について疑問が呈されることは、現在ではほとんどないと思うが、残念ながら実践上この点が曖昧になる事例は散見される。医療経営情勢の激動の中にある民医連として学ぶべき事例と思われる

第四に、モンドラゴンの実践が与えたスペインやバスク州での法制度や政治への影響の強さである。

バスク州では、モンドラゴンで形成された諸制度を導入する形で協同組合法が制定され、それがスペインの協同組合法等にも結実している。19世紀からのスペインでの各種協同組合運動の展開という背景はありつつも、モンドラゴンの実践が国や地方行政の法制度に影響を与えているという事実は驚くべきことである。

このことの意味は恐らく単純ではなく、一面資本主義経済における労働力需給の調整弁として労働者協同組合を位置づけ、役割をそこにわい小化しようという勢力も存在していると思われる。

しかし、協同組合法自体は、モンドラゴンをはじめとした協同組合を育成、発展させる方向にあるものと理解され、税負担等の制度もそれを支えていく方向にある。

また、バスク州政府の首相がモンドラゴン出身者であるということにも驚かされた　バスクという民族的特殊性がその背景にあるとはいえ、バスクにおけるモンドラゴンの存在価値をあらわしている。モンドラゴン協同組合という個別企業、いわば「下部構造」が法制度や政府といった権力機構、いわば「上部構造」に影響を与えているということは、昨年のロシア訪問で「ソ連型社会主義」の失敗を見てきた私にとって、示俊的であった。

第五に、モンドラゴンの現状と今後の展望についてである。

ＥＣ統合を背景に、脱スペイン国内事業体をめざすモンドラゴンの姿勢は、ファゴール（製造業）での海外事業展開やエロスキ（流通）

の他スーパーとの提携やフランスへの出店等に明らかである。この中で、特に非バスク地域への進出の場合、働く労働者の組合員比率は大変低い状況にある。この点でみる限り、モンドラゴンの労働者協同組合からの変質という課題が可能性として浮上してくる。私としては、是非ともモンドラゴンの健全な労働者協同組合としての発展を期待するものであるが、今後の推移は単純ではないと思われる。

　以上思いついたままに述べてきた。さまざまな非営利の事業体等の社会貢献と相互の発展の為の協同という課題は、民医連の前総会での重要なキーワードであるが、この意味をあらためて考えさせられた訪問であった。

スペイン人は散歩好き
原国政裕

　リフレッシュ休暇を利用しての今回の参加だった。少しはスペイン旅行も兼ねた日程なのかといった当初の淡い期待ははずれてしまい、スペイン非営利・協同組織の視察旅行に徹した強行スケジュールの内容であったことをまず述べて、私のスペイン雑感（私が感じたスペイン人）を紹介しよう。

・モンドラゴンは竜の住む山？
　訪問のメイン、モンドラゴンは緑豊かな山あいの街で、乾いた土地スペインのイメージとは大きくはずれた、牧歌的で日本の信州に似た街だった。
　最初に訪れた日から、街全体に霧が立ちこめ　赤レンガの屋根と街の中央にそびえ立つ、竜が住むと言われていた山（モンドラゴン）とがマッチし、その光景は神秘的でさえあった。
　さて、モンドラゴンＭＣＣ（労働者協同組織）については、他のメンバーが詳しく書いたものとして、私が強く印象に残ったことを１つ書くにとどめたい。それは、ＭＣＣが地域の特にスペインでも貧しか

ったバスク地方の発展と変革、特に雇用の拡大に力をいれていることである。実際にわれわれが訪れた時、スペインでの失業率が約20％という酷い失業社会にあって、ここバスク地方、特にモンドラゴンでは４％の失業率とのことに先ず吃驚したのである。

約40年間の歴史の中で、組合員を増やし、労働者を約４万人にも増やしてきたその実績の大きさに驚いたのである。そして、ＭＣＣが利益を獲得しても、それは決してＭＣＣ労働者だけにではなく、組織と地域に還元されるといった趣旨の発言を何度か聴いた。それは単に自分達の組織の労働者だけの豊かさの追求ではなく、その地域全体の豊かさと不可分のものであるべきという考え、非営利・協同の実践そのものと理解した。特別な高給取りをつくらず、給料の面でもその地域の他の組織労働者との給与水準とバランスのとれた給与を意識し、絶えず利潤は組織の拡大と地域に還元するというようなことが説明されていたことに、いたく感心したのである。

・スペイン人は大の散歩好き

私は旅行中は必ずジョギングをすることを趣味としてきたが、７年前のバルセロナ・オリンピックのマラソンコース、モンジュイックの丘も走ってみたいという期待もあった。さいわい、同室になった山田駒平氏もジョギング愛好家であったことから、毎日２人して夜の明けぬ早朝に、時には夕方に、スペインの町々をジョギングしたものである。それにしても、スペイン人のジョギング愛好者が大勢いるのにもビックリした。バスク地方第１の都市ビルバオで、ホテルの近くの公園では男女の若者達からお年寄りまでが大勢ジョギングしていたのが特に印象的だった。そして夕方には着飾ったスペイン人達が一斉にみんな散歩に繰り出すのではと思えるほどに、大勢の人が集まってきた。夜９時頃までの夕食前のひとときであろうこの時間帯に、広場や公園に子供達がいっぱいにあふれ、自由にボールを蹴りあい、親同士も大声をあげながら会話をしている、このような光景はスペインの何処ででも見た光景である。スペイン人が特別大切にしている生活習慣の一

つが、家族や恋人同士の夕方の散歩なのだと確信した。やたらうれしくなってカメラのシャッターを押したものである。

・バールはスペイン人の活力の源
　スペインは、ワインが安くておいしいときいていた。うれしかったことに、ワインが昼からそして夕食時はもちろん十分満足に飲めたことである。今回の旅では、強行スケジュールに不満はあったものの、料理と酒については大満足だった。特に海産物やオリーブ入りの地中海風料理、固いスペインパンと生肉、そして本場パエリアはおいしく食べることができた。それでも、鱈(たら)の切り身のクリーム煮が続いたときだけはさすがにうんざりしたのだが。
　さらに、団長の高柳先生をはじめ、われわれ酒飲み達にとって感激だったのが、Ｂａｒ（バール）という１杯飲み屋（立ちながらが飲むのが一般的）の体験だった。その店の数の多いこともそうだったが、そのバールでの酒類がべらぼうに安く、誰でも気安く入店できて、かつ活気に溢れていることだった。バールはスペイン人にとってなくてはならない大事な交流の場なのだと又また確信してしまった。夕食前にそして夕食後に１杯200円ほどのビールやワインそしてアンチョビなどのつまみをとり、安い梯子酒をしながら情報交換や交流を深めるといった生活習慣は、どっしり座って話し込む日本の居酒屋とは違って、友達づくりが上手なスペイン人を見る思いがして、また楽しくなったものである。

・民族文化と連帯
　今回の視察旅行で、初めて自由行動が許されたのは最終日、バルセロナでのことであった、その日は確か祭日で、観光名所の教会カテドラル前広場でお土産を買うのに必死になっているときだった。
　民族楽器の入った楽隊がスペイン・カタルーニャ地方の民族音楽を奏で始めた。すると地方から旅行に来ていたと思われるスペイン人のいくつものグループが至る所で輪になりだし、その曲にあわせて踊り

だすではないか。それも、7、80代の腰の曲がった老人グループから20代の頑強な男女青年グループまでが。隣どうしで手をつなぎながら至る所で。単調ではあるが、軽やかなステップを踏み、老人の額には汗も浮かべ、一糸乱れぬその姿は誇らしげで、威厳に満ちた光景だった。そして、数曲が、約30分も延々と続いたのだった。なにか熱い民族の連帯感といったものがひしひしと感じられ、私には沖縄の「エイサーの踊り」に似た感情のたかまりと重なり目頭が熱くなったものである。後で知ったその踊はカタルーニャ地方の民族舞踊サルダーナとのことだった。モンドラゴンでもバスク文化、バスクの民族的連帯とMCCが深くかかわっていたことを思いうかべたのである。

・非営利・協同にもいろいろ

　モンドラゴンから学んだことは多々あったが、他の方々がきっとたくさん書いてくれるだろうことを期待して雑感を書いた。しかし、あえて私が一番学んだことといえば、反面教師的なことであったこととなるが、バルセロナ医療生協病院でのことである。17階建で全病室が個室の近代的な病院を案内された時には最初はさすがにその立派さに内心驚いた。5,000人のホームドクターと契約して医療活動を行っているとのことであるが、よく聞いてみるとその対象となるべき組合員はスペインでは経済的には裕福な中流階級の人びとであるということが段々に理解できてきた。そのときに思ったのである。われわれの病院は少し汚いかもしれないが、また個室もない病院ではあるが、貧富の差別のないむしろ経済的弱者を意識した協同組織なのだと改めて痛感した次第である。医療生活協同組合、非営利・協同組織といえども世界にはいろいろとあるものだと。

　だれのだれのための医療生協なのか？
　どのような地域変革を目指しているのか？
　改めて、医療生協や民医連のそもそもの原点にたちかえらねばというおもいを強くした視察旅行であった。

転移する時代

藤野健正

　バスの出発時間に30分も遅れ、皆さんに大迷惑をかけてしまったのは、今回のモンドラゴン取材の旅における数少ない観光であった首都マドリッドのプラド美術館見学の時であった。

　この美術館の絵画コレクションは、あのルーブル美術館とも比べられる世界三大美術館（後で知ることになったのだが）の一つである。15世紀から18世紀にかけての画家達、エル・グレコ＝独特の輝き、ベラスケス＝人物の性格を描写しているといわれる肖像画、裸のマハで有名なゴヤの若かりしころから晩年までの作品等々他を寄せつけない圧倒する質と量に頭の中が真っ白になってしまい、気がついた時には集合時間はとっくに過ぎてしまっていたのであった。

　かつてスペイン王国は、16世紀には地中海を中心に西ヨーロッパ、東・西インド諸島、南北アメリカ大陸、アフリカの一部と広大な植民地を押え、世界中の金銀を自国に吸い上げる一方、栄華を極めるために再び金銀を世界中に放出していたのだ。こうした当時のスペインの国力を現代にダイレクトに伝えているのがこのプラド美術館の大コレクションであったのだ。

　F・ブローディルの名著「地中海」という16世紀スペインを中心とした大歴史スペクタルの描写の中に「小さな戦争」と「大きな歴史」という表現がしばしば出てくる。「小さな戦争」とは、小集団による襲撃や略奪、海賊行為、領土内諸州・諸都市の反乱を指す。「大きな歴史」とは、小さな戦争のディテールから一般化を行い、集団的現実という面から見た人びとの歴史、すなわち、封建社会の発達と衰退、資本主義システムの発達等を指す。

　当時フェリーペ二世のスペインは、世界の覇権大帝国を作り上げていったのだが、16世紀の後半より領国の一地方ネーディルランド（オランダ＋ベルギー）で交易利益と宗教改革をめぐり、"小さな戦争"が起こり、やがて独立戦争へと拡大し、ついには1609年にオランダは

第3章　広場にバールがよく似合う

経済ブルジョワジー達が勝利し、独立した。その後オランダは発展し、やがて生産、商業、金融の三次元すべてにおいて他国に対し優位な国、すなわち資本主義的に「世界経済」の歴史を通じて最初の「覇権国家」となったのだ。このようにスペイン大帝国は小さな戦争をくりかえしながら、自らの体内より近代資本主義国家オランダを生み、衰退していったのだった。

　今日、資本主義経済の混沌とした時代において、世界が注目している小さな巨人が非営利・協同組合＝モンドラゴン協同組合複合体（以下MCC）であり、これについて自分流の感想を述べてみる（客観的な分析は他者にお譲りする）。

　そもそもフランコ独裁スペインにおける、バスク地方の青年達が自らの生活手段を確保する「小さな戦争」から生産者協同組合が出発し、他の欧米の協同組合らが相次いで失敗する中で着実に発展させてきた。

　フランコの死により、1978年より普通の資本主義国スペインとなり、すぐにして「EU」参加国となった。この新しいスペインには他のEU参加国や、世界の先進資本主義国の多国籍企業が洪水のように資本進出し、MCCグループが"生きのこり"をかけた第2の「小さな戦争」の真只中であった。私は、彼らの戦いぶり、歴史、基本理念、エネルギーに直ちに接し、大変感動を受けた。ただこの視察を通じて一点だけひっかかるものがあった。MCCは多国籍企業を目指しているのではないか、という疑念である。研修施設オタロラのイニアキ氏に質問をぶっつけてみた。答えは「ノー」であった。

「スペイン国になだれをうって入り込んでくるアメリカ・イギリス・フランス等の多国籍企業に対抗するためには、組織を大きくすること、同時に消費者に質の高い良い製品・サービスをできるだけ安く提供すること、そのためには他企業を吸収合併し急速に事業規模を拡大することと、先進企業のシステム、技術ノウハウを学び、吸収していかなければならないのだ。タイやモンゴルに製品組立工場を建設していっているのは安い労働力を必要としているのであり、純粋に経済活動である。もちろんこのことでMCC流協同組織を世界に輸出するつもり

ではなく、この工場では協同組織形態ではない。」とのことであった。
　私は、MCCはハード面では多国籍企業形態を取り入れ、ソフト面では50年間続く伝統の学習・教育をすることを基本にし、全組合員参加型の民主的運営を頑固に追求しているこだわりに改めて感動をもって受け止めたのであった。彼らに言わせれば、「自分達の全組合員のためと、地域のまちづくりのためと、消費者に良い品物、良いサービスを提供しつづけることがベストであり、この結果がMCCの成功を保障するのだ。多国籍企業になりたいとか、もちろん非営利・協同組織を世界に向けて啓蒙するつもりもない」とさらりと言ってのけるのだ。
　今のMCC企業としての実力は、人海戦術的生産ライン、工場排水処理の課題、物流システムの自動化の遅れ等々われわれ日本人の目から見ればかなり遅れていることもわかる。しかし、スペイン国内での比較、MCCの相対的進歩は、急速な変化をしてきているのであろう。10年後、20年後はまったく新しい企業体へと変化していると予感せずにはおれなかった。
　今日、資本主義世界経済を構成する国家の下降局面、人間の解放と平等を求める目標を保証できなくなったことと、東欧型社会主義国家があいついで破綻していくなかで、資本主義システムの次にくる体制は良いものか誰にもわからない。しかし、自由・平等・博愛を追求し続けることが大切なのであろう。500年続いた資本主義システムの「大きな歴史」の下降局面と米国の覇権国家時代の下降面面が一致して進行し、先進資本主義国では、コンピュータ、バイオ、金融サービス分野の強化と時代遅れの重・厚・長・大産業の生産分野の大規模リストラ促進により一国内における貧富の差が拡大している。一方、民主化の物差しであった福祉サービスはあいつぐ国々において支出を切り下げてきており、企業・政府は中産階層のリストラを強行し、社会サービスの切り捨てと相まって中産階層の収入を大幅に減らしている。このことは資本主義国の堅固な政治的中核を破壊することになり、彼らの精神的敗退はイタリアや日本の高級官僚にみられるごとく組織的

汚職行為を急増させている。他方、最近地球規模の関心事となってきている生態系の健全性について、今の資本主義システムは生態系の浪費を許容する余裕がなくなり、過去に損傷を作り出した企業には、すでに修復する能力がなく、国家が代わって課税として国民におしつけている。将来の破壊を最小限にくいとめるためには企業に破壊防止コストの自己負担を求めざるを得ず、その結果企業の収益性は減少する。

　I・オーラスティンは「転移する時代」の中で「新しい秩序がいかなるものであるか、いかなる秩序であってほしいかを論じること、またそのような望ましい秩序に向かって闘うことならば不可能ではあるまい」と言っている。

　私も目の前のMCCの「小さな戦争」を見ながら、スペイン国＝「EU」が資本主義システムの「大きな歴史」から「転移していく時代」を通じて、新たな世界システムを再び生むのかもしれないと感じたのである。

　スペイン・モンドラゴンを複眼で見られた私は、今わが国で強行されようとしている社会福祉の切り捨てに対し、民医連として医療活動・経営活動を大転換させ、非営利・協同事業を推進し、地域において"まちづくり"に全面的に参加することが重要であり、「小さな戦争」がやがて政治を変え、つぎにくる新しいシステムへの掛け橋になるかもしれないという思いを強くしたのだった。

人間の絆をつくる広場
前田武彦

　モンドラゴン取材第１日目を終えて、サン・セバスチャンのホテルへとバスで向かった。少々疲れ気味ではあったが、コーディネイターの石塚氏のユーモアあふれる案内が大いに気分を和ませてくれた。

　例えば、サン・セバスチャンの海岸通りにさしかかったとき「皆さん、多くの人が『こんにちは！こんにちは！』と言いながら散歩していますね、この通りの名を『コンチャ通り』と言います」という具あ

いに。また途中、スペイン北部のビスカヤ湾に面した小さな漁村を案内してもらった。石塚氏曰く「この町にはいくつも店が立ち並んでいますね。『下駄売ってるかな？』『下駄あるかな？』」の説明にキョトンとしていると、「この町の名をゲターリアと言います」に、車中は大爆笑。

　冗談はさておき、その漁村の海岸縁に大きな像が立っており、マゼランによる世界一周時の副船長とのことであった。世界を股に掛け、多くの船乗りがこれらの港から出発したとのことである。日本に渡来したフランシスコ・ザビエルなどもこの地の出身者である。

　夕陽に映える漁村の風景は、のどかで、美しく、どこを見ても絵になる。少し歩くと、小さな広場に乳母車を引いた若い両親、お年寄りの夫婦、走り回る子供たちでいっぱいである。日本で言う学童保育所かとも思ったが、そうでもない。取材団の幾人かが幼き子供たちにカメラを向けていた。親たちもニコニコ笑っている、本当に人と人の「ふれあい」が自然体なのである。

　こうした光景は、このゲターリアだけでなく、オニャーテという町でも、バルセロナでも見られた。教会と市役所の前には、必ずといっていいほど広場があり、夕暮れになると人びとが集まってきてなごやかに懇談している。こうした"人間の絆をつくる広場"は僕らが小さい頃、日本にもあった。

　悪ガキどもが日が暮れても神社や広場で遊んでいて、親から「夕ご飯なのにいつまで遊んでいるの」と怒られたものである。でも、今の日本にはこんな光景はなく、子供たちも「塾通い」やら「室内でのパソコンゲーム」で、日常的に仲間とふれあい、自然にしたしむ機会が薄れている。子供たちが犠牲になる、そんな社会に誰がした、取り戻したい人間の連帯感を、そんな思いがこみ上げてきた。

　広場を散歩していた、小綺麗に着こなした老夫婦が腕を組みながら町並みの方へ歩いていく。僕たちもその後を追うようにバール（日本で言う居酒屋）に入ると、テーブルや腰掛けは数個しかなく、ほとんどの人たちがカウンターにもたれながらビールやワインのグラスをか

たむけ、ワイワイやっている。とにかく安くて、500円もあればその日の夕食はお腹いっぱいになる勘定である。弱者が安心して住み続けられるまちである。

「カネと効率」が価値判断の基準になっている日本の社会にあって、自分自身も現実的には知らず知らずのうちに引き込まれてしまっている。ひとり一人の生活が大切にされる価値観、国民の大多数が合意できる価値観をどのようにつくるのか、そんなことを考えている時にモンドラゴンの話を聞いた。モンドラゴンに行ってみて、雇用を守るために頑張っている、資本に対する労働の優越という基本原則を貫いている、はじきだされる人をどう少なくするか、創り出す富の連帯的再配分を考えている。

介護保険時代を迎えて、民医連運動はどうあるべきか、地域からの民医連への期待にどう応えていくべきか、「人権と非営利」をめざす共同の輪を広げ、「安心して住み続けられるまちづくり」にとりくむ上で、さまざまな示唆が得られた取材旅行であった。

発展の要素は何だろう
本川功市

・最初の問題意識

「無差別平等」の医療の実現を目指す民医連に参加して30年を超えた。しかしわれわれの努力にもかかわらず、事態は一向に良くならないどころか現状のみ直視すると、社会保障は惨憺たる有様となっている。国民の願いを無視したこのようなことがなぜ強行されるのか…。

国と地方自治体の財政赤字が600兆円を超えたという。政府はこの解決の為に徹底して国民に犠牲を強いる道を選んだ。国際競争にうち勝つ強い企業を育成するために、銀行には60兆円もつぎこみ、大企業のリストラを野放しにし、高齢者対策を理由に導入し実際には5％しかそこに使われていない消費税、医療・福祉の全面見直しでその負担は国民に一方的に押しつける…。そして景気回復を口実にゼネコン奉

仕の公共事業で国民の借金は一層増えていく…。

どうにもならない状況にまで追い込まれているのが日本の現状である。この打開のためには、まさに政治を変えるしか道はない。ではどうすれば変えられるのか、そのためにわれわれに何ができるのか。それがいま問われている。

全日本民医連は評議員会で次のように提起した。
「今求められるのは、従来の社会経済システムの転換をせまる『安心して住み続けられるまちづくり』の実践と、その発展の保障としての『国民が主人公の政府、住民が主人公の自治体』の建設であり、『非営利・協同』は新しい社会経済システムの重要な構成要素の一つとして『注目され、期待されている』。とくに日本では、『多国籍企業の支配に抗して、生活基盤から、地域から、新たな運動をまきおこしていく可能性』を持っており、そうした時代の要請に正面から応えるために民医連はなにをすべきか、『学習と論議』が呼びかけられている……」

こうした問題意識を持ったとき、社会経済システムの改革が迫られているのは日本だけではなく、世界中が深刻な不況のなかにあり、なんらかの解決を迫られていると理解できる。こうした状況を反映してか、いま新しいシステムとして協同組合が注目され始めているようである。

専門家の間では、新しい社会経済システムを「第3セクター」と位置づけている。第1のセクターは国家管理、第2セクターは営利企業と位置づけられている。現在の日本は民間活力を旗印に、医療や福祉の公的責任を放棄し、営利企業もまた大リストラの強行など企業の将来も危うい状況となりこのどちらも破綻し、これに代わるシステムが焦眉の課題となってきている。

そのシステムとして期待される第3セクター「労働者協同組合」は、営利を目的とせず組合員は自らお金を出し、そこで働き、管理・運営にあたる。文字通り「非営利・協同」である。

世界に拡がる協同組合運動、なかでもスペイン・モンドラゴンの協同組合運動が国際的に注目されているという。今回そのモンドラゴン

を訪問する機会に恵まれた。
　今、世界でどれくらい協同組合の運動が拡がっているのか、富沢賢治氏によると世界の協同組合員数は84年当時で5億人（直前4年間で1.4億増加）となっている。
　何がこのような急速な発展を可能にしたのか、国際協同組合同盟は次の3点をあげている。
　　①企業運営が利潤を追求しないで成り立つことを立証したこと。
　　②営利企業に負けない経営の効率化に努力してきたこと。
　　③80年代以後、協同組合の存在意義、とくに「資本主義的企業との違いはなにか」を論議し、21世紀の課題を鮮明にしたこと。

・**地域コミュニティの再建、労働者協同組合の普及**
　こうした若干の知識をもとに、スペイン・モンドラゴンを訪問した。
　訪問視察は一週間足らずという短いものであったが、現地を訪れ実態に触れ、交流のなかで体験を聞き、今後の目標を聞くなかでわれわれがめざすべきは何であるかをおぼろげながらつかみ得たように思う。
　もちろん日本とは歴史や文化、政治経済発展の度合いなど全てに違いがあり、そのまま当てはまるわけではないが、学ぶべきは大いに学んで今後にいかしたいものと思う。
　今回の視察で私なりに学んだことを簡単に触れてみたい。
　モンドラゴン協同組合は、1956年最初の工場設立から40年を経て（59年協同組合化）、協同組合複合体（ＭＣＣ）に発展し、現在は農協・工業協同組合・消費協同組合・サービス協同組合・共済組合・研究開発機関・教育協同組合（生徒数延べ3万5千人）、銀行、等の分野におよぶ。人口2万7千人のモンドラゴンの半数の労働者がここで働き、消費生協の売り上げも全国1位とのことである。
　私たちは限られた日程の中で、大学・研究機関・冷蔵庫の製造工場・購買店舗や物流センターなどを視察し、その都度詳細に説明を受けることができた。工場や大型スーパー並みの店舗など、一見すると複合企業体のようにも見える。しかし決定的な違いはみずからがお金を出

し働き、管理運営にあたるということ。こうした非営利・協同の基本理念をモンドラゴン協同組合原則として規定し、運営にあたり、その結果として飛躍的に発展している事実は大変な驚きであった。

こうした発展の要素としてあげられるのは、一つに国の育成政策があったこと。これはヨーロッパという社会構造の発展した地域であったことが大きいと思われる。とくにモンドラゴンの位置するこのバスク地方は、フランコ政権の圧制と激しく戦った地域である。こんなことも影響しているのではと思われた。

消費者とともに生産者をも組織したこと、労働者協同組合が産業開発に取り組んできたことも重要な要因であったと思われる。この経験が消費協同組合にも影響を与えることになった。「経営者と労働者はよきパートナーである」。この経験は残念ながら日本の生協にはない。

発展を続けるモンドラゴンは、いま、国づくりの根幹ともいえる、農業に力を入れているという。これにも大いに示唆をあたえられた。

今回の旅はこの他にも協同組合の形をとっている病院・障害者施設なども視察することができた。もちろん国の制度の違いも含めわれわれから見て遅れていると感じる面もあったが、全体として協同組合運動が発展していることを肌で感じた。

人権・非営利・協同・そして安心して住み続けられる街づくり。この課題を、自分自身の生きている「十勝」でどう実践するか、新たな発想が求められている。

私の活動拠点である民医連の十勝勤医協は、15年前にはゼロから出発し、今や２つの法人と140人の職員を有する組織に発展した。

活動分野についても老健施設の開設、３つの訪問看護ステーションと２つの在宅介護支援センターなど福祉の分野に大きく枠組みを拡げた。問題だらけの介護保険も動き出す。経営的にも、人づくりの上でも正念場を迎えている。まさに人権と非営利・協同は内部的にも、広く街づくりの運動をすすめる上でもキーポイントとなるにちがいない。今回の旅行で得たものを今後の運動に少しでも役立てるように努力したいと思っている。

過密なスケジュールにもかかわらずピカソの絵や彼の最高傑作を生み出した「ゲルニカ」の町、日本に縁の深いザビエルが修行したアランサス修道院、有名なサグラダファミリアなどの見学、そしてバール（日本の居酒屋）。日ごろ文化に無縁な私にとって貴重な見聞をひろげる旅であったと同時に、忘れがたい思い出の旅となった。

「まちづくり」と「人づくり」に学ぶ
山口 格

私にとっての主要な関心は、自分たち民医連共同組織のスローガンである「安心して住み続けられる街づくりを目指して」の観点から、世界でも最も発展した労働者協同組合の実践が営まれているモンドラゴンの活動を見聞することであった。

1941年、アリスメンディアリエタ神父（1915-1976）というモンドラゴン協同組合の創設者が、26歳でモンドラゴンの教会の副司祭として赴任したとき、モンドラゴンの町は人口約8,000人の貧しい町で、内戦終結直後の荒廃した状態であった。

フランコ政権の独裁下、自由な政治活動、労働運動が禁止されていた中で、町づくりの道をさぐった若き神父は若者の教育から取り組むことにして、1943年に小さな職業訓練学校を開いた。この学校でアリスメンディアリエタは「資本に対する労働の優越」、「労働の尊厳性」を強調し、労働者が主人公になる企業経営とそれをもとにする社会変革を説いた。

フランコの死去により1975年以降スペインの民主化が始まり、1978年の新憲法制定により40年ものファッショ支配が終わった。この新憲法では複数民族国家を明記し、住民投票による自治州の成立が認められていた。バスクでは1979年の住民投票により、「自治憲章」が認められ、1980年にはバスク政府が成立した。

モンドラゴン協同組合は、フランコ独裁体制下における合法運動として、バスク民族主義を背景にしながら、地方住民の経済的、社会的、

文化的生活向上への願いを組織してきたが、バスク自治政府の成立で、政治環境は大きく変わった。1982年のバスク協同組合法の成立と国税の一部地方移管による財務税制面の変化もあった。

第2章「イケルラン」の項でも述べたが、バスク政府はイケルラン研究所の人件費等を50％援助している。

1980年代以降のスペイン経済は、成長の停滞、失業の増大、物価上昇に悩んでいた。とりわけ不況と失業の増大（失業率は常に20％近くである）は、バスク地方に地域差として大きく現れていた。その中でモンドラゴン協同組合が雇用の創出と失業保障制度（ラグンアロ）でバスク経済に重要な貢献をしてきた。

モンドラゴン協同組合で一番大切にされているのは、教育である。教育協同組合はＭＣＣの中で大きなパーセントをしめている。教育文化連盟は教育協同組合の連合体であるが、バスク語教育を重視している。フランコ独裁下でバスクの文化、言語が圧殺され続けた時代、モンドラゴン協同組合はバスクの文化的アイデンティティの拠り所となったが、バスクの民族的自立が進んだ今日、モンドラゴン協同組合はバスク地方の経済的・社会的発展に大きく寄与している。

このようにして見てくると、モンドラゴンでは「まちづくり」という観点からも、大きな成果があったと結論づけられる。モンドラゴンの事業を評価してみると、

(1) 事業領域が広い範囲にわたっている。（農業、漁業、家事サービス業、学校、製造業等）
(2) 労働人民金庫（銀行）を持っている
(3) 人材を自力で生み出している（大学、オタロラ、高等技術学校）
(4) 多国籍展開している
(5) 国際的認知をうけている。例えば1980年のＩＣＡ（国際協同組合同盟）の第27回大会の一般報告（レイドロウ報告）に評価されている。

これらの点から考えて、現在の民医連と共同組織の事業は幾つかの

示唆を受けとることができる。第一に銀行（労働人民金庫）の役割である。自前の金融機関を持つことは、一時期に倒産前夜となった同仁会の例を見ても重要である。

　第二に人づくりの大切さである。医師不足は民医連の弱点であるが、自前の医師養成機関（医大）を持つべきである。

　第三に共同組織という概念は、モンドラゴンにはない。班会という概念は通訳の方も理解できなかつた。共同組織の事業展開には労働者協同組合の形態も重要である。

コミュニティができて国家ができたのだ
山田駒平

・ゲルニカ

　爆撃で市民4千人の約半数が死んだ。ゲルニカ博物館の展示を見てパンフレットを読んだ。

「1937－1942、数千人の男女が自由のために闘った」

「この博物館は、過去においては自由と法、バスクの民主主義のシンボルとして、そして今日、平和、調和、人権、爆撃、ピカソの「ゲルニカ」を象徴する博物館として設立された」

「ゲルニカ」の原画はマドリッドの国立ソフィア王妃芸術センターに展示されているが、ここには苦痛でのたうちまわる牛、馬、男、女、折れた剣を持ったまま切断された腕など「ゲルニカ」の絵を構成している個々のデッサンが、それぞれ1枚2枚と、用紙に鬼気迫る勢いで描かれている。ピカソが悲しみと怒りで体をふるわせながら描いたに違いない、という確信を与えてくれる。

　なお4日後マドリッドで原画と対面したが、このデッサンを観ていたために、立体感あふれる生きた「ゲルニカ」として鑑賞できたのは幸運だった。写真のコーナーはゲルニカの廃虚だけでなく、広島、長崎、ベトナム、サラエボなど、皆殺し爆撃を受けた町と人間も同等のスペースと大きさで展示されていた。同じ愚をくりかえすなというゲルニカ市民の心の熱さと地球視野の連帯精神が伝わってくるコーナー

であった。

・モンドラゴン

　モンドラゴン協同組合は、経営を守ることを組織と運動の死活の重要課題として位置づけ、取り組んだ。アメリカで第2位にランクされている監査法人に監査を依頼し、経営の点検と指導を受けた。経営管理の実力もこのような世界トップクラスの公認会計士集団の力を得て向上し、主体的な努力によって一層レベルアップしたのであろう。倒産した法人の再建に取り組んだ一人として、このことが痛く理解できる。いいかえれば科学的経営管理ということになる。

　ヨーロッパでも日本でも規模を拡大した生協法人の経営破綻が増えている今日、原因はこの辺にあるのではないだろうか。この科学的経営管理に加え、民主主義を貫く経営の姿勢がもう一つの基本的保障ではないか。協同労働協同組合の組合員1人1票の権利、組合員が計画づくり、予算づくり、それらの遂行状況の自己点検、報酬等労働条件の決定などに参加する権利の保障、組合員一人130万ペセタ（約100万円）の出資による"私たちの協同組合"と言える主体者意識づけなど具体的に裏づける努力がされている。数字や情報の公開が前提となっていることはもちろんである。

　また労働を人間にとって最高の価値と位置づけ、労働を資本に優先することをつらぬいてきた。このこともきわめて大切である。モンドラゴン協同組合の基本原則（10ヶ条）では、第3条で「労働の優越性原則」、第4条で「資本の労働従属原則」を定めている。いま市場経済万能主義、営利、カネを最優先し、富を造り出している労働者を物体のように首を切る、その人数を競い合っている大資本の対極で、それを否定し、労働の中に人間性の開花を目指して実際に成果を上げ、多国籍企業との競争でも負けていない、そういう力をもっている。

　工業部門の生産の2分の1が輸出であることがその実力を示している。

　職員を民医連運動の主体・原動力と位置づけ、無差別平等の医療労

働の価値を磨き、それを職員の働き甲斐、生きがいとしながら医療・経営さらには運動を権力の攻撃の中で守り発展させてきた民医連と重なる。モンドラゴンが貫いている「労働こそが最高の価値」という優位性を民医連のなかに再確認できた。MCCでは、経営が困難になっても首切りはせず協同組合複合体内部の協同組合間の異動で労働者の生活を保障している。

　高い教育の理念と実践は、この「労働が最高の価値」という価値観から行われている。上記の基本原則の第10条で「教育重視原則」を定めている。その労働をする組合員の質が協同組合の発展（＝競争に耐える技術力と拡大再生産）を規定することと、人間としての発達を保障すること、言い換えれば教育権の保障という観点からである。

　各協同組合は、利益の10％を教育にまわすことを決めている。教育協同組合をつくり義務教育の学校を運営している。組合員の後継者教育の役割ももつ。組合員研修センター（オタロラ）をもち、労働者の研修を行うとともに、技術訓練のために労働者をモンドラゴン大学に聴講させることも教育に組み入れている。

・民医連の医療の必要性と、MCCまちづくりの必要性

　モンドラゴン協同組合群は医療生協をもっていない。ということは「生産と消費をリンクさせて社会的な貢献を、つまり仕事おこし、まちづくり」が何よりも優先課題だったからではないか。民医連と共通しているのは、必要が事業を生み実践でそれを発展させたことと、まち、つまりコミュニティと不可分の事業なのだということだ。いま民医連に必要なのはコミュニティづくりと統一する観点と実践ではないか。

　まず国ができ、あとからコミュニティができたのではない。もともと人間が生まれてコミュニティができ、そのあと階級ができ、その関係の中から国家ができたのだ。よって安心して住めるまちづくり、がすべての基礎単位なのだ。スペインでは住井すゑ氏風の言葉で言うと「人間（じんかん）」が基本にすわってきたことを、バール、カトリッ

ク教会、広場をセットにした街の中に身を置いて痛感した。そこが長い年月壊されずに続いてきた。

ファシストのフランコも手をつけられなかった文化の違いは認めなければならないと思う。が、フランコの独裁のもとでも、人間・連帯・コミュニティを基礎に協同組合をつくりまちを発展させ、スペイン政府に、協同組合を重要な社会経済の構成要素として日本よりはるかに自由度と法的経済的保護性の高い協同組合法を改善させてきたという運動がある。

そこに学ぶべき事柄があることを見出した思いである。

自治と協同のバスクに乾杯
山田浄二

・日本人にジャストフィット

スペインといえば太陽と情熱の国、闘牛士にフラメンコそしてドンキホーテなど、首都マドリッドを中心としたイメージが並ぶ。1992年のオリンピックで有森さんが美しい偉業をはたしてからは、バルセロナのある東部カタルーニャ地方も知名度が上がり、最近のセビリア国際陸上や「白い街」旅行ブームもあってモロッコ対岸のアンダルシアも売り出し中である。そしてガウディの建築やおびただしい芸術家の群像。一般的にスペインから連想されるものはこれらが軸になっており、私もそうであった。

しかし、これらのどれにも属さないスペインがあったのである。風土も民族性もスペインらしからぬ存在で、しかしスペイン経済の土台を今も昔も下支えして来た地域、それが北部のバスク地方である。

バスク地方はスペインで唯一春夏秋冬のメリハリがあり、海と山の間の狭い平地で農業を営み、輸出に重点をおいた工業が盛んであり、勤勉が美徳とされ、治安も良く、海の幸が豊富である。さらに人びともアングロサクソンのような居丈高さがなく、人なつっこい人びとである。こうしてみると、まさに日本の良いところどりの土地柄なので、私たちにジャストフィットするところだった。従ってバスクでの一週

間は、心穏やかで大変快適な日々だった。
　バスクの一杯飲み屋であるバールは500ペセタ（400円）もあればお酒のお代わりもできるし、美味しい肴にもありつける良いところで、飲み屋というより社交場になっており（もちろん熱いコーヒーも大事なメニューだが）、そのせいか採算性が心配になるほど軒を連ねている。大都市といえるビルバオやサンセバスチャンでも、小都市のモンドラゴン、田舎町のゲターリアでも、バールは同じ表情をして人びとを迎え入れてくれる。
　このバスクで最も印象的だったのは、午後5時を過ぎたころから午後8時くらいまで、街の広場に大勢の住民、老若男女が集まって来る事である。この風景も大都市と田舎町を問わないのだ。夢中で遊ぶ子ども達、恋を語らう（？）若者達、議論に熱中するお父さん達を、井戸端会議のお母さん達や古老が見守るという光景は、鋭く私の脳裏につきささり今も離れないのである。地域のコミュニケーションというものは、こうあって欲しいというシーンに出会えたことで、バスクを旅することができたことは幸運という他はない。

・ゲルニカの町をそぞろ歩いて
　しかし、一方バスクにあって今の日本に不足しているものも確かにあり、この地域・産業を学ぶ時、それは本質的なものと感じられる。自治の歴史と協同の精神がそれである。
　スペイン入国の次の日にゲルニカを訪問した。ゲルニカは大西洋（ビスケー湾）にほど近いバスクの古都で小さな美しい町である。街の中心部に教会と行政機関があり、その間に広場がある、それらを囲むように商店街と住宅地が集まり、周囲の丘陵で畑作が営まれ、羊を飼っている、そんなヨーロッパの典型的な小都市で、さながら中世にタイムスリップしたように感じた。
　第二次大戦前の動乱期に、スペインのファシストであるフランコ一派は誕生間もない人民戦線政府を武力攻撃し壊滅させた。ナチスの後押しを受けたフランコ軍に対し、スペイン人民は団結と連帯で激しく

抵抗し、また世界の民主的な人びとが人民戦線政府の防衛のためにスペインに馳せ参じたことは良く知られている。「誰がために鐘は鳴る」の世界である。

このスペイン戦争末期に、ゲルニカも大空襲を受け多数の市民の命が奪われ陥落したが、この惨事に激怒して渾身の力で描き上げた超大作がピカソの『ゲルニカ』である。なぜピカソは特にゲルニカ襲撃に憤怒したのか？ なぜこの小さな町へのフランコの攻撃と市民の抵抗がスペイン戦争の象徴的出来事として語り継がれて来たのか？ この町を訪れてはじめてわかった。このゲルニカでは中世以来の「住民自治」が継承されていて、ゲルニカの人民議会の伝統がバスク地方の自治の伝統、ひいてはスペイン民主主義の源流をなしているからだと思うのである。

今も残る人民議会の議事堂の天井を飾る百坪近い大ステンドグラスには、牧師や教師とともに、農民と鉱山労働者が鮮やかに描かれていた。キリスト教（イエズス会が主流）がしっかりと根づいている地域ではあるが、政治の主人公は人民であることを、バスク、ゲルニカの人びとは真理として守り続けて来たのだと思うのである。

「自治」と「働くものの協同」の歴史は深く長く、労働者が主体となる企業グループがバスクのモンドラゴンに誕生したことは、決して偶然ではないと感じさせられた次第である。

・MCC、労働者主権の一つの到達点

バスク地方に自治と協同の伝統があったにせよ、モンドラゴンの労働者協同組合複合体（MCC）の躍進の礎石を作ったのは故アリスメンディアリエタ神父とその５人の弟子たちだった。絶対的権力者の君臨を阻止し続けて来たバスクにおいても、産業革命以降の資本主義企業の隆盛によって、富むものと貧しいもの分化が進み、この階層分化は「資本家」と「労働者」一般にとどまらず、鉱工業が主要産業であるバスクにおいては「大企業の労働者」と「下層労働者」の貧富の差が「階級区分」のようであったと感じられる。アリスメンディアリエ

タ神父は、この格差を埋めるには下層の労働者自身が大企業に負けない企業主になるための協同が必要であり、またそれを可能にするのは教育であると考えたに違いない。わずか50年前に始まった実験だが、すでに伝記化されているので省くとして、今回の視察で一番気にかかったことは「神父は今日のMCCをどう評価するだろうか?」ということだった。

　そして私は、きっと神父は今日のところまでの到達については満足しているのではないかと思えたのである。視察の3日目に訪問したモンドラゴン大学を見学し、溌剌とした若者たち（勤労大学生）の歓声がこだまする校庭で、じっと校舎を見つめる神父の銅像と向き合ったとき、その感を強くしたのである。

　MCCは今ではバスク最有力の企業グループで、民族資本ではスペイン一位の機械メーカー、同じく国内一位の流通（スーパー中心）業、NASAに技術を提供するほどの工業技術研究所、バスク州の有力銀行になった労働金庫など、多彩な展開で総収益は多分年間1兆円近いはずである。

　中でもユニークなのは、早くから職業訓練校を開講維持して来たことで、この学校協同組合が1997年についに大学として認可されたのである。

　下層労働者が主人公になるために自前の教育を、と心血を注いでいた神父にとって感無量に違いない。そして、ここでも「大学設置主体」、「教職員組合」、「学生組合」が1：1：1の権限をもって大学の運営評議会が構成されていたし、イニシアチブは教職員＝労働者の協同組合が握っていた。

　今回の視察はわが国における非営利協同の未来を考えるために企画されたものだったが、モンドラゴンで展開されているものは、広汎な市民の協同というより、労働者が自ら企業や事業の主人公になること、資本に対する労働の優越を現実にするための壮大な実験であることが理解できた。

　労働者が事業主体になることはともすればユートピア的社会主義と

断ぜられ、また資本主義を補完する協同組合主義と見られたりもする。しかし、アリスメンディアリエタ神父は「解釈より実践である」と語りかけている。労働者階級が主人公になるために、労働組合運動と並んでいわゆる「労働者協同組合工場」があることを、基幹産業を舞台として示し続けていることは事実であり、この地域の経済と雇用を支えている点も確かであり、近未来に遭遇するであろう困難よりも、今日の到達点が示している展望をこそ、私は大事に持ちかえりたいと感じたのである。

・民医連と協同の精神

　今回の旅は、私にとって予想をはるかに超える、勇気が沸く旅でした。

　戦前の伝統を除けば民医連もモンドラゴンも約50年余の実践をして来た。厳しい情勢と国全体の大激動の中で、民医連が実践して来たことのうち、本質的なものをつかんで21世紀に問うて進もうとしている、その時に企画された旅であり、モンドラゴンの労働者の協同が、経済社会に対し「アンチテーゼ」から始まり、「オルタナティブ」な働きかけをしていることに感銘した。民医連も頑張っていけるという勇気も湧かせてもらった気がする。

　民医連は20世紀後半を通じた活動で、今やわが国の医療において一定の影響力を有するに至り、医療を通じて地域と国政の革新にも貢献できるようになった。この原動力の源をあげると多肢にわたることとなるが、民主的諸勢力と力を合わせて来たこと、住民の協同である共同組織と堅く連帯して来たことなども代表的なものである。

　しかし、あえて一番手は何か、と問われれば、私には医療従事者の協同の在り方が、わが国のどの医療機関とも違っていたことにあると思える。医師から事務までの全職種が医療活動・技術運動・教育学習活動・経営活動そして地域活動において、ここまで統一した理念で協同して来た民医連は確かに「世界に類例のない」運動である。まさに働くものが主人公である事業体を医療の分野で追求して来たと言える

第3章　広場にバールがよく似合う

だろう。このような価値ある協同の実践が、遠いスペインでも展開されていたことにおおいに激励されたし、このスタイルを、21世紀に向けて普遍性のあるものとして広げて行く責務が私たちにあると考えさせられた。

　ワインを口にする度に、この旅の思いを新鮮に反芻して行きたいと思うのである。

昼からワインを飲んでました
吉田剣太

　スペイン人のライフスタイルは、非常にユニークだった。
　今回訪れたスペインという国柄は驚くべきところである。なんせ昼間からお酒を飲んでいる人びとが多数いるし、夜も大勢で夜遊びをしているとしか思えなかったのである。

　そんなスペインの国と街と人びとが、私にはとてもおもしろかったのである。もともといい加減な性格の私にとっては、雰囲気が大変合ってるお国柄だと思った。

　何から何までワリと適当のように思えたが、一方でこの国は大丈夫なのだろうか（？）、などと心配までしてしまったのである。しかしスペインはおそらく、やる時はやる人達の国だとも感じた。

　昼からワインを飲んで、すっかりスペインに馴染んでしまった今回の視察のメンバーとの話も楽しいものであったが、その一方で各施設を訪問した時の質問の内容と量と時間に驚きの連続だった。多分、取材に対応したスペイン人たちも驚いていたと思われる。今回の旅は、いろいろな意味で、大変刺激を受けた旅行であった。

社会・経済の新しいあり方への模索

吉田万三

ほとんど休みのない生活を送ってきた私にとって、今回のような視察旅行は初めての経験だったが、このようなタイミングでこの旅行に同行できたことは、この機会にヨーロッパの「社会的経済セクター」の非営利協同セクターの実情に直接ふれる、まことに良いチャンスであった。

1996年（平成8年）9月に東京都足立区長に就任した私は、まず、「福祉の充実」と「産業の振興」を区政の戦略的課題として位置づけた。足立区は中小業者や、まじめに働く一般庶民の街であり、長引く不況の下で、当面する区民の生活を守ることは行政の大事な責任であるが、同時に長期的にも地域住民の生活の安定、消費・雇用の拡大、税収の確保等々は区政運営の重要な基盤となるものと言えた。この二つの課題は、今後の自立的な地域経済の発展を考えたとき、ますます、重要になってくると確信している。

私はこの方向を指し示し、その第一歩を踏みだしたところで、任期を1年4カ月残して強引に引きずりおろされてしまったが、このテーマを理念的な段階から、さらに具体化し政策化することが求められており、そのような視点からモンドラゴンの実践は決して他人事とは思えない。

自らの関心事に引きつけて見れば、法的整備や地方自治体との関わり、地域経済における金融の問題、いろいろとあるが、いずれも限られた時間であったし、MCC自身も模索の過程であり、発展途上なのだと理解している。

法整備という点では、スペインには「協同組合法」があり、政府もこの社会的経済セクターを積極的に支援する姿勢が確立しているようである。もちろん、その背景には民主主義の歴史、国民の自主的な運動の蓄積があったと思われる。

金融部門については、当然といえば当然であるが、やはり驚きに相違なかった。MCCが工業部門、消費部門、流通部門の発展の延長線

上に、銀行まで作ったことは必然的なことだったと想像される。
　地域での産業振興を進める上では、どうしても資金の調達が必要になってくる。財政の課題である。
　日本でも大銀行と地方の信用金庫・信用組合などが、それなりに棲み分けながら仕事をしているが、これからの地域経済の活性化を展望した時、地域社会における、いわば、地元密着型の金融機関の果たすべき役割は、改めて原点に戻って見直され、再評価されるような時を迎えているように思うのである。
　自立的な循環をする地域経済とグローバルな市場経済がどのような折り合いをつけていくのか、また、このような企業活動と政治・行政との関わり方、もうすこし踏み込んで言えば、政治的革新との関連など、さらに探求すべき領域である。
　もっとも、スペインやモンドラゴンの人びとから見れば、本来、国の政治であれ、地方の政治であれ、それは生産や消費を含む住民の全生活のために存在するものであって、「みなさんの国、日本では政治はいったい何のためにやっているのですか？」とでも言われてしまうのかもしれない。
　相変わらず、「リストラだ、ビックバンだ」、「大競争時代だ」という論調もあるが、その一方で、「セーフティーネット論」、「福祉の経済学」という論調も目だつようになっている。住民の価値観も、地に足のついた、生活を重視していく方向に確実に変化してきている。新しい社会のあり方、新しい経済のあり方を模索する試みが、世界中に始まっている、そんなことを感じとることのできた旅行であった。

おわりに　　　　　　　　　　　前田武彦

　「いゃー、えらいタメになったし、おもしろかったわ！」というのが、取材団の大方の感想でもあり、私自身の正直な気持ちでもあった。それにしても、世の中には、不思議な連中がいるもんだと感心したのも本当のことである。
　本書は、その気持ちから、モンドラゴン協同組合を見つめつつ整理をし、素直な感想を展開したものである。それぞれ多少の温度差はあるが、共通して言えることは、まず「働く」ということの意味合いである。ともすれば労働とは、経済性にしても、労働の密度や環境等にしても、労働の現場の枠の議論で終始してしまいがちであるが、バスク・モンドラゴンの変わった連中の取組は、それらを含めて「町や社会の中で働く」、「皆と協力して働く」などともっと広く深いところで考え、実践を繰り返してきているものと理解された。労働者という場合に、資本の側に対して強く取り組むときに使用する頻度が高いのが通例であるが、自ら資本を持ち寄り、労働を出し合う、そしてその分配のルールも皆で決める、全部配分しないで町や社会へも配分する、このような取組はそれほど容易にはなし得ないところである。第1章の石塚論文に述べられているとおり、バスクのあるいはバスク人の文化と伝統に根づいたことがらである。しかし、営利企業のひしめく市場経済で、この「協同労働」の理念と取組を継続発展させていくことも簡単なことではない。モンドラゴンの不思議な創造的実験はまだまだ興味が尽きないところと思う。
　取材団のほぼ共通的認識の2番目は、教育・学習の取組である。学校、研修所、技術訓練所等を擁し、近時ではモンドラゴン大学まで設置をし、人材の養成と補給の取組を果敢に行っている。「協同労働」

おわりに

の理念や仕組みもそれらを理解実践する若い後継者達を次々に創り出さない限り、資本主義の過酷な競争下で常に変色してしまう可能性がある。モンドラゴンの実験はこの教育・学習の地道な実践が大きな基礎をなしているという理解は、今回の取材団の大半の認識と言えるのではないだろうか。私の所属する全日本民医連でも医師をはじめとする後継者の課題は、世紀をまたがっての重要な戦略課題となっている。教育者でもあったアリエタ神父の賜でもあるが、その後の取組はこの神父の思いや事業を大きく発展させたものであり、誠に感心する実践と思う。私たちも可能な限り教育・学習の取組を強め、働きながら学ぶ、という実践も重視をしたいなと考えさせられた。

共通の思いの3番目は、第3章で皆が述べているとおり、広場とバール、これに尽きよう。わが国にはそのような文化がない。暗くなっても老若男女が集うなどはなく、幼子を連れて気軽に入れて安い居酒屋などもない。インターネットが普及する今日、素顔の見えない情報交流では心も真に通うことは困難ではないだろうか。軽く一杯飲みつつタコでもツマんで、唾を飛ばしながら交流する、隣で赤ん坊が泣き、向かいには若いアベックが語らっている、そんな文化は面倒で古くさい、と言われるかも知れないが、あったらいいな、そんな思いの感想を多くの人は抱いたのだ。現実的には無理でも、「労働」を語る広場とバールをこれからも探し続けたいと思う。

非営利・協同というグルーピングは、それ自身、新しい概念であるが、高柳論文が指摘しているとおり、民医連がずっとやってきたことである。ただ、それを民医連外の人たちとの交流の中で確認し、検証するこの取組が不十分だったのではないだろうか。それらはどの非営利・協同にも通ずることかも知れない。これからが正念場である。その意味で、今回の辺境の地バスク、異国の都会マドリッドとバルセロナでの取材は、自分たちの取組みを客観的に見つめる良いチャンスであり、本書が多くの人たちのための一つの教材となり得るだろうことを痛切に予感している。できるだけ多くの人に、できるだけ沢山の非営利・協同のテーマを考えている人々にぜひ読んでいただきたい。

そしてまず、世の中には様々な非営利・協同の組織や取組があり、共通する課題も多いことを理解していただきたい。心の「広場」は何時でも創ることができる。その広場には当然に垣根はないのである。「君も広場を持っているか！」、21世紀への呼びかけとしよう。

　2000年2月

モンドラゴン関係主要書籍一覧

「協同組合運動の新しい波」／社会運動研究センター編／三一書房／（1983.1）
「協同組合の拓く町」／佐藤誠編著／芽ばえ社（1984.6）
「モンドラゴン現代生産協同組合の新展開」／ヘンク・トマス他／御茶ノ水書房（1986.2）
「協同組合で働くこと」／芝田進午編／労働旬報社（1987.5）
「協同組合の拓く社会」／富沢賢治他／みんけん出版（1988.6）
「第三世代の協同組合論」／岩見尚／論創社／（1988.10）
「西暦2000年における協同組合」／日本協同組合学会訳編／日本経済評論社（1989）
「協同組合資本学説の研究」／堀越芳昭／日本経済評論社（1989.11）
「国際協同組合運動と基本的価値」／今井義夫／日本経済評論社（1990）
「アリスメンディアリエタの協同組合哲学」／ホセ・アスルルンデ著・石塚秀雄訳／みんけん出版（1990.5）
「モンドラゴンの創造と展開」／W・Fホワイト他／日本経済評論社（1991）
「バスク・モンドラゴン」／石塚秀雄／彩流社（1991.12）
「協同組合思想の形成と展開」／伊藤勇夫編著／八朔社（1992.11）
「いまなぜ労働者協同組合なのか」／黒川俊雄／大月書店（1993.04）
「ワーカーズコープの挑戦」／日本労働者協同組合連合会編／労働旬報社（1993.5）
「非営利セクターと協同組合」／川口清史／日本経済評論社（1994）
「非営利・協同の時代」／協同総合研究所編／シーアンドシー出版（1995.7）
「労働者協同組合の新地平」／富沢賢治他／日本経済評論社（1996.7）
「今再び欧米の生協の成功と失敗に学ぶ」／日生協、生協総研編著／日本経済評論社（1997.1）
「民主経営の理論と実践」／坂根利幸／同時代社（1997.2）
「非営利・協同セクターの理論と現実」／富沢賢治・川口清史編／日本経済

評論社（1997.7）
「協同組合の持続可能な発展を願って」／大谷正夫／コープ出版（1998.1）
「社会的経済セクターの分析」／富沢賢治／岩波書店（1999.2）
「非営利・協同入門」／富沢賢治／同時代社（1999.2）
「非営利・協同組織の経営」／角瀬保夫・川口清史／ミネルヴァ書房（1999.2）
「国際協同組合運動」／ジョンストン・バーチャル／家の光協会（1999.3）
「福祉社会と非営利・協同セクター」／川口清史・富沢賢治編／日本経済評論社（1999.7）
「介護保険時代と非営利・協同」／高柳新・増子忠道／同時代社（1999.12）
「非営利組織と民主経営論」／有田光雄／かもがわ出版（2000.2）

取材団名簿

池田　順次	（いけだ・じゅんじ）	元東京勤労者医療会役員、元東葛市民生活協同組合役員
伊藤　淳	（いとう・じゅん）	民医連共済役員、全日本民医連事務次長
石塚　秀雄	（いしづか・ひでお）	都留文科大学講師。欧州非営利協同セクター研究
岩瀬　俊郎	（いわせ・としろう）	石川民医連社保委員長、医師
大石不二雄	（おおいし・ふじお）	共立医療会役員、医師
窪田　之喜	（くぼた・ゆきよし）	弁護士、日野市民法律事務所
坂根　哲也	（さかね・てつや）	学生
坂根　利幸	（さかね・としゆき）	公認会計士、会計集団協働
高津　司	（たかつ・つかさ）	東京勤医会役員、代々木病院院長医師
高柳　新	（たかやなぎ・あらた）	全日本民医連役員、東京勤労者医療会役員　医師
千葉　周伸	（ちば・かねのぶ）	全日本民医連役員、医師
二上　護	（にかみ・まもる）	弁護士、三多摩法律事務所
西原　博子	（にしはら・ひろこ）	全日本民医連事務局員
根本　守	（ねもと・まもる）	公認会計士、会計集団協働
原国　政裕	（はらくに・まさひろ）	沖縄民医連役員、医師
藤野　健正	（ふじの・たけまさ）	東京勤医会役員、歯科医師
前田　武彦	（まえだ・たけひこ）	全日本民医連役員
本川　功市	（もとかわ・こういち）	十勝勤労者医療協会役員
山口　格	（やまぐち・かく）	民医連北海道共同組織連絡会役員
山田　駒平	（やまだ・こまへい）	山梨民医連役員
山田　浄二	（やまだ・じょうじ）	民医連共済役員、道北勤労者医療協会役員
吉田　剣太	（よしだ・けんた）	学生
吉田　万三	（よしだ・まんぞう）	歯科医師

共生社会と協同労働

2000年2月20日　初版第1刷発行

監　修	石塚秀雄・坂根利幸	
発行者	川上　徹	
発行所	㈱同時代社	

〒101-0065 東京都千代田区西神田2-7-6 川合ビル3F
電話03(3261)3149　FAX 03(3261)3237

印刷・製本　中央精版印刷㈱

ISBN4-88683-426-4